Principal de collège ou imam de la République

Bernard Ravet
avec Emmanuel Davidenkoff

Principal de collège ou imam de la République

KERO

ISBN : 978-2-36658-387-8

À Mathieu, mon fils, et Léia, ma petite-fille ;
à Geneviève, mon épouse, qui m'a accompagné
dans toutes ces aventures pédagogiques
et m'a permis de toujours garder l'espoir
dans les moments de doute ;
à l'ensemble des personnels enseignants et
non enseignants et aux élèves des collèges Manet,
Versailles, Jean-Claude-Izzo, Le Ruissatel…

Il y a urgence.

C'est pourquoi j'écris ce livre. Pour dire un fragile espoir. Pour ne pas laisser les prophètes de l'Apocalypse nous convaincre, collectivement, que tout est fichu, que l'obscurantisme l'a emporté. Pour ne pas laisser celles et ceux qui prospèrent sur nos peurs viscérales nous convaincre que pour combattre le fanatisme nous devrions renoncer à nos valeurs et nous comporter, en tant qu'institution, en tant que nation, selon les normes de nos ennemis. Il convient, pour cela, de dire d'un même mouvement la vérité, dans toute sa crudité, et de documenter les raisons d'espérer, car elles existent. C'est ce que j'ai essayé, modestement, de faire dans ces pages. Je suis Bernard Ravet, retraité de l'Éducation nationale, ancien principal dans trois des collèges les plus « difficiles » de l'académie d'Aix-Marseille…

Introduction

Ça a fait « vlaaam !!! ». Ou « boum !!! ». Ou « baaaang !!! ». Je ne sais plus. Un bruit à la fois violent et assourdissant. Énorme. J'imagine les vitres qui vacillent. Je devine les murs qui tremblent. Au fond, je ne sais qu'une chose : que ce bruit de tous les diables me hurle : « Sors d'ici ! Vite ! » Car je sais aussi – pourquoi ? – que cette déflagration en annonce d'autres. Je n'ai que quelques secondes pour réagir.

Je suis en pilote automatique. J'attrape, pur réflexe, mon trousseau de clés. Quelque part du tréfonds de ma mémoire est remonté le souvenir de ce récit, entendu en formation, d'une principale de collège de Port-Saint-Louis, dans le Rhône, saucissonnée façon *Orange mécanique* et contrainte de donner le passe de l'établissement. Huit heures ligotée au gros scotch à son fauteuil. Ils avaient vidé le collège de tous ses ordinateurs.

Je laisse en plan les dossiers d'orientation des troisièmes, dont je prépare les conseils de classe du lendemain. Me précipite hors du bureau. Ferme la porte à double tour. Déjà un autre « vlaaaam !!! » ou « boum !!! » ou « baaaang !!! ». Le bruit des vitres qui, cette fois, explosent. Le sifflement des débris de verre qui lacèrent les dossiers, les murs, le sol, le fauteuil. Je longe les couloirs. Aucun espoir d'y croiser de l'aide : non seulement il est 20 heures passées, mais nous sommes le jeudi de l'Ascension.

Je cours. Rejoins mon appartement de fonction par une porte dérobée, sans passer par l'extérieur – éviter la cour, où j'ignore ce qui se passe. J'ai un peu de temps. Ils doivent déjà avoir enjambé le cadre de la fenêtre pour pénétrer dans mon bureau, mais ils buteront contre la porte qui ne résistera pas longtemps. Et puis ils n'en ont pas forcément après moi. Le plus probable est qu'ils se contentent d'arracher les branchements de l'ordinateur et de l'imprimante et de repartir aussi sec. Ici, les intrusions sont monnaie courante. J'arrive dans la cage d'escalier des appartements de fonction. Ça y est. Je suis à l'abri. Je vois la conseillère principale d'éducation, qui réside elle aussi dans le collège.

« Vous avez entendu ? C'est quoi ce boucan ?

— Une intrusion.

— On va voir ?

— Surtout pas. J'appelle le commissariat. Et remettons les alarmes.

— Elles étaient débranchées ?

— Oui. Bien obligé. Je travaillais dans mon bureau. »

Nous réactivons les alarmes. Pas de sirène. En principe, cela signifie qu'il n'y a personne. Mais je ne le sens pas.

Je suis un habitué du commissariat, et nul ne peut l'ignorer : il est situé au pied d'une barre d'immeubles des années 1960 du quartier de Saint-Mauront, au vu et au su de toute la cité, à portée de caillassages réguliers. Impossible d'entrer sans être vu. J'y ai mon rond de serviette. Depuis que j'ai été nommé dans ce collège, j'ai décidé de laisser des traces de tout ce que nous subissions : agressions d'enseignants, tentatives de cambriolages, intrusions… Les personnels du collège ont même droit à un coupe-file, grâce au protocole informel que nous avons mis en place avec le commissaire. En cas de pépin, j'envoie un fax au commissariat, qui me donne un horaire précis pour que moi ou d'autres puissions venir déposer sans attendre pendant des heures au milieu de tous les caïds, grands et petits, du quartier. J'y suis si souvent que l'officier qui enregistre mes plaintes a mémorisé dans son ordinateur toutes les informations administratives me concernant. Un simple « copier-coller » lui permet d'accélérer la saisie de la procédure. Souvent nous en rions.

Familiarité inattendue que la nôtre. Née de l'adversité partagée. De la conviction qui peu à peu s'est imposée à moi : mon travail essentiel, comme principal de collège en zone difficile, relève de la police intérieure. J'ai découvert un monde que je n'avais fréquenté que par le truchement de romans ou de films policiers. Ai vaincu la défiance latente qui règne entre nos institutions – il est de bon ton, à l'Éducation nationale, de se tenir à distance de la police. Ai compris que nous étions saisis de la même mission. Maintenir les valeurs de la République contre vents et marées. Défendre le territoire.

Tout cela, je l'avais appris dès mon premier poste d'adjoint dans les quartiers nord de Marseille. Quand les policiers voyaient des gamins traîner au Carrefour voisin, ils leur demandaient leur carnet de correspondance. S'ils étaient dans mon collège, les forces de l'ordre me les ramenaient. « D'abord, ils doivent être scolarisés – c'est la loi. Ensuite en les ramenant chez vous, on est sûrs qu'ils vont se prendre une remontée de bretelles. »

Le numéro du commissariat est donc en mémoire dans mon téléphone quasiment depuis le jour où j'ai pris mes fonctions de principal de plein exercice dans ce collège niché au cœur d'un des quartiers les plus pauvres de Marseille.

On y accède par une rue étroite bordée d'immeubles des années 1930, au mieux décatis, au pire insalubres. Ils sont livrés depuis des années aux marchands de sommeil. Ils y entassent sans scrupule des familles qui, pour la plupart, n'ont pas même accès aux logements sociaux et se damneraient pour un F2 dans une cité des quartiers nord, pourtant de piètre réputation. À l'arrière du bâtiment, une barre d'immeubles des années 1950-1960, complètement délabrée, dont le cinéaste Robert Guédiguian avait fait le décor de son film *Mon père est ingénieur* (2004). Ici vivent beaucoup de Comoriens et de Maghrébins, Algériens en tête. Des Tchétchènes aussi, arrivés dans les années 1990, quand la Russie de Boris Eltsine, avant celle de Vladimir Poutine, a commencé à faire pleuvoir les bombes sur Grozny. Et quelques familles d'origine gitane venues d'Irak, que la faconde marseillaise a aussitôt rebaptisées « les Bagdad ». Des terreurs, les « Bagdad ».

Au fond de la cour, le gymnase, tout juste remis de l'incendie criminel qui a failli le ravager un an auparavant. Et les piliers de soutènement de l'autoroute A7 qui, en 1970, est venue balafrer ce qui était, jusque-là, un quartier populaire semi-résidentiel, où régnait avant-guerre une relative douceur de vivre. Le Marseille des Corses, des petits commerçants, des parties de pétanque, des dockers qui travaillent au port de La Joliette, distant d'un quart d'heure de marche. Après guerre puis dans les années 1960, le quartier est devenu le noyau du Marseille arabe, voyant même éclore la première mosquée de la ville. Puis les familles ont commencé à partir, notamment vers les quartiers nord. Et le quartier, au fil des années, a perdu toute structure, qu'elle soit urbaine ou sociale, pour devenir ce qu'il est désormais : un ghetto.

Seule a survécu la tradition politique de l'après-guerre. Parmi les rares électeurs à se déplacer les jours de scrutin, quelques personnes âgées, notamment d'origine corse, assurent les élections et réélections du sénateur du canton, alors président du conseil général – Jean-Noël Guérini – et d'un personnel politique totalement décalé par rapport à la réalité du quartier.

Aujourd'hui, l'autoroute A7 y vomit son flot incessant de voitures et de camions, surplombant les jeux des enfants dans la cour de récréation. Je vis avec la crainte, quotidienne, entêtante, de l'accident. Le poids lourd qui franchit la pauvre bordure et s'écrase, dix mètres plus bas, sur les élèves. Sous l'autoroute, de l'autre côté des grilles du collège, des SDF qui squattent, et une déchetterie, dont le collège est protégé par un imposant filet que j'ai vite rebaptisé le filet « Intifada » : il nous évite de recevoir des projectiles lancés de l'extérieur. Il me faudra trois ans de bagarre administrative, pied à pied, pour obtenir sa fermeture. Avec un succès relatif. Aujourd'hui encore, des habitants continuent régulièrement à déverser leurs détritus et leurs encombrants au même emplacement, malgré les caméras de surveillance. La force de l'habitude.

Cette déchetterie est le seul bâtiment du quartier que les services de la voirie jugent alors nécessaire de signaler. Quand on me rend visite pour la première fois, je suggère, mi-ironique, mi-pragmatique, de suivre les panneaux qui l'annoncent. On arrive directement au collège. Un lieu en perdition, oublié, îlot administratif de la République ceint de hautes grilles qui, à mi-parcours, sont incurvées vers l'extérieur afin de décourager les intrusions. Quand on demande aux élèves de le décrire, la première image qui leur vient est celle d'une prison. Pour ma part, je le vois plutôt comme un « non-lieu ». Qui porte ce nom totalement improbable, celui de l'impasse au fond de laquelle a été bâti l'établissement : Versailles !

Dix minutes à peine se sont écoulées depuis que j'ai dû abandonner mon bureau. Les policiers arrivent. Un équipage composé d'une voiture et de trois policiers, dont une femme. Je leur indique mon bureau. Nous progressons de conserve. Ils ne paraissent pas plus rassurés que nous. Mais le fracas s'est arrêté et les alarmes n'indiquent aucune présence.

La cour est vide. Seul mon bureau, dont les lumières sont toujours allumées, luit dans l'obscurité. À mesure que nous approchons, nous devinons que les baies vitrées ont explosé. Nous entrons dans la pièce. Les vitres qui donnent sur le parking ont également volé en éclats. Le sol est jonché de débris de verre, auxquels se mêlent des blocs de béton, de la taille de gros pavés, sans doute récupérés dans la déchetterie voisine.

Sur le moment, je suis comme anesthésié.

Je ne ressens rien.

La policière m'interroge. Ai-je une idée de mes agresseurs potentiels ? Y a-t-il eu des tensions particulières ? Des menaces ? Que s'est-il passé aujourd'hui ?

« Je suis arrivé au collège vers 15 heures, pour préparer les conseils de classe des troisièmes. Ce sont des conseils d'orientation, stratégiques – iront-ils en lycée général ? en lycée professionnel ? dans quel CAP ? Ils jouent leur avenir, peut-être leur vie. Je voulais me donner le temps de regarder chaque dossier en détail. J'avais décidé d'y consacrer mon jeudi de l'Ascension. Je suis entré dans le collège par l'arrière, en voiture. Et là, j'ai découvert une quarantaine de jeunes en train de jouer au foot dans la cour.

— Quelqu'un leur avait ouvert ?

— Non.

— Les grilles font quatre mètres de haut à vue de nez !

— Ça n'empêche pas les intrusions.

— Vous reconnaissez des élèves ?

— Non. Ce sont de jeunes adultes, dans les 18-25 ans. Je me suis présenté à eux et leur ai expliqué : "Je ne peux pas vous laisser faire. En cas d'accident, c'est moi qui suis responsable." Je leur ai ouvert la grille. Ils sont sortis, dans le calme. L'ambiance était même plutôt bon enfant. Quand j'ai dit qu'en cas de pépin je risquais d'atterrir à la prison des Baumettes, l'un d'eux m'a rétorqué : "Ah non, monsieur, pour ce genre de choses, vous irez à celle de Luynes." Parole d'expert. Ils sont partis. J'ai refermé la porte.

— C'est fréquent, ces intrusions ?

— Oui. Le week-end, surtout quand il fait beau. La conseillère principale d'éducation, qui loge dans le collège, en surprend souvent. Mais quand elle est seule dans les locaux, on s'est mis d'accord sur le fait qu'elle n'interviendrait pas, et qu'elle ne vous appellerait pas tant qu'ils se contentent de jouer au foot.

— Et après ?

— Je passe par mon appartement de fonction, je me mets en short et je vais dans mon bureau, au rez-de-chaussée. Ça n'a pas l'air, mais c'est un lieu pas désagréable, avec ses grandes fenêtres qui donnent d'un côté sur la cour, de l'autre sur le petit parking de l'administration. La nuit tombe. J'allume la lumière. Le premier projectile a heurté l'une des baies vitrées quelques minutes plus tard.

— Vous pensez à quoi ?

— À un cambriolage. Ça n'aurait pas été le premier. C'est pour cela que je prends mes clés et ferme la porte à double tour.

— Bon. On va essayer de reconstituer. Vous étiez où au moment du premier pavé ?

— À ma table. »

Elle la regarde et désigne, sur le bureau, un bloc de béton. Il n'a pu arriver que par-derrière avant d'atterrir là, au milieu des dossiers de mes élèves de troisième, suivant une trajectoire sur laquelle, quelques secondes auparavant, se trouvait le sommet de mon crâne. Elle me regarde droit dans les yeux.

« Monsieur le Principal, on n'est pas dans une histoire de cambriolage. Votre bureau était le seul à être illuminé. On ne pouvait ignorer qu'il y avait quelqu'un à l'intérieur. Pour moi, il n'y a aucune ambiguïté : c'est une tentative d'homicide. J'appelle la police judiciaire. »

Les collègues de la PJ sont appelés. Ils arrivent rapidement. L'identité judiciaire procède aux relevés. Mon bureau est devenu une scène de crime.

On m'envoie à « l'Évêché », mythique siège de la PJ marseillaise, à deux kilomètres à peine du collège, que je ne connais alors que par l'image qu'en donnent tant de romans et de films policiers. Je refuse d'être accompagné. À ce moment, je baigne dans un état étrange, une sorte de surexcitation contrôlée.

Sur le trajet, je me remémore cette autre journée printanière, deux ans plus tôt. Je viens de recevoir mon affectation pour la rentrée suivante, qui sera ma première en tant que principal de collège de plein exercice. J'achève alors trois années comme principal adjoint du collège Manet, situé dans les quartiers nord. Je crois y avoir vu et vécu le pire. Non pas en termes de réponse pédagogique (Manet était alors exemplaire en ce domaine), mais le pire en termes de détresse sociale, de pauvreté, de désarroi. Je n'ai pas encore compris que dans les quartiers nord de Marseille règne une forme d'organisation. Un double quadrillage. Le premier officiel, par le biais d'associations, de maisons de quartier, qui entretiennent un lien ténu, mais un lien tout de même, avec le monde extérieur et avec les institutions. Le second, illégal, qui s'organise autour de l'économie parallèle, mais au moins est-elle organisée, au moins en connaît-on la géographie, les rivalités entre cités voire au sein des cités. Des rivalités qui, par le truchement de la carte scolaire, se décalquent en rivalités entre collèges : une embrouille entre la cité Font-Vert et celle des Flamants annonçait une descente des élèves du collège Clair-Soleil au collège Manet… Quand je suis devenu principal de plein exercice, j'ai donc demandé à être affecté en ZEP, en « zone d'éducation prioritaire » sans cibler mon choix plus précisément. J'ignorais que certaines zones échappaient même à ce minimum de structure sociale, n'offraient aucune clé de compréhension valide pour décoder les phénomènes urbains.

Nous sommes un vendredi, veille des vacances de Pâques, lorsque je suis informé de ma nomination au collège Versailles. J'appelle le collègue qui dirige l'établissement. Nous convenons d'un rendez-vous le lundi de la rentrée. « Viens vers 10 heures, me dit-il. Je te présenterai aux profs. C'est bien qu'ils voient mon remplaçant. » Puis je monte dans ma voiture et emprunte l'autoroute pour voir ce qui deviendra « mon » collège. Je découvre le bâtiment administratif, gris, fenêtres protégées par des barreaux, qui jouxte l'autoroute et abrite l'appartement de fonction dans lequel je vais m'installer dans quelques mois. J'entrevois les grilles sans savoir – mais je l'apprendrai vite – que leur solidité est fréquemment éprouvée par des voitures-béliers. Je devine le fond de l'impasse où d'autres voitures, provenant manifestement de quelque trafic, sont régulièrement incendiées.

Je pars néanmoins en vacances sans trop y réfléchir, à mille lieues d'imaginer que, quelques années plus tard, je commencerai à plaider pour que l'on rase ce collège enkysté dans une zone qui me semblera alors impossible à réhabiliter. Jusqu'à cet appel de la principale d'un autre collège des quartiers nord, Pythéas.

« Tu as vu, Bernard ? Ton prochain collège ?

— Non. Que se passe-t-il ?

— Le gymnase a brûlé. Un incendie criminel. Je t'envoie l'article de *La Provence.* »

J'appelle le principal de Versailles et lui propose de repousser ma visite.

« Tu dois avoir fort à faire… Je viendrai un autre jour.

— Non, insiste-t-il. Ne change rien. »

Il me faudra longtemps pour analyser cet empressement et comprendre que ce collègue a brûlé toute son énergie, brisé tous ses ressorts, épuisé tout ce qu'il avait à donner ; qu'il est prêt à saisir la première occasion de ne pas porter seul le poids de ce nouvel incident. Tout poste en zone d'éducation prioritaire exige de payer lourdement de sa personne. On y vieillit deux fois plus vite qu'ailleurs. J'allais découvrir qu'à Versailles on vieillissait quatre fois plus vite.

Me voici donc pour la première fois dans ce collège. Je franchis le sas qui donne accès à la cour, par lequel transitent chaque matin 680 élèves. C'est 180 de plus qu'on ne devrait en accueillir selon les normes en vigueur en ZEP, et 80 de plus que prévu à l'origine, ce qui oblige certains cours à se dérouler dans des préfabriqués. Beaucoup d'élèves ont les traits tirés. Ils se sont levés aux aurores pour gagner quelques euros en aidant les commerçants du quartier à déballer leur marchandise. D'autres se sont couchés trop tard. Ils ont fait le guet pour protéger les trafics de leur rue ou de leur immeuble – « chouffer », comme ils disent, détournant le mot arabe dont la racine signifie « regarder ».

Mon futur château de Versailles se présente sous la forme d'une longue barre en béton de trois étages, qui fait un angle de trente degrés en son centre. Ce qui permet, tant bien que mal, de protéger la cour du mistral, mais – je le découvrirai – rend impossible une surveillance efficace de l'intérieur du bâtiment. Des platanes dans la cour, vestiges de ce mariage de tradition et de modernité qu'incarnait le collège à sa création, dans les années 1960, avant l'autoroute, avant l'exode des classes moyennes, avant la paupérisation, quand les classes bilingues allemand et les expérimentations pédagogiques en faisaient un établissement attractif, voire recherché.

À peine arrivé, le principal, que les jeunes du quartier ont surnommé « le shérif », m'entraîne vers la salle des professeurs sous l'œil des caméras de surveillance installées dans les couloirs. J'apprendrai vite que les élèves s'en jouent aisément, soit en masquant leur visage à l'aide de leurs capuches de sweat-shirt soit, plus simplement encore, en se hissant sur la pointe de pieds et en obstruant la caméra à l'aide de simples feuilles de papier.

L'accueil me semble plutôt sympathique, même si je sais qu'entre 30 % et 40 % des 60 enseignants du collège ne seront pas là à la rentrée. Ils seront remplacés par d'autres, généralement débutants, parfois précaires, affectés contre leur gré, insuffisamment formés, en tout cas à la réalité qui les attend – je lancerai un jour, énervé, à un responsable de formation : « Vous nous envoyez des dermatologues, alors que nous avons besoin d'urgentistes du Samu ! » Ce sera ma première hantise et elle était fondée : à quelques jours de la rentrée, 15 enseignants manqueront à l'appel et le rectorat semblera impuissant à les trouver.

Arrivent les agents du conseil général et une des professeurs d'éducation physique et sportive. Nous nous rendons au gymnase. La porte s'ouvre. Tout est noir de fumée. L'odeur, âcre, reconnaissable entre toutes, nous prend à la gorge. La prof de sport s'effondre en larmes.

Assez vite, pourtant, les techniciens nous rassurent. Le feu a sans doute été mis aux tapis, d'où d'importants dégagements de fumée et cette suie qui tapisse les murs, mais la structure leur paraît intacte. « Le gymnase sera opérationnel en septembre », promettent-ils.

Nous nous retrouvons dans la cour baignée par le soleil d'avril. Je suis sans voix. Le collège Manet, d'où je viens, n'était pas simple, mais il était inimaginable que le quartier s'en prenne à l'établissement. Ici, ils ont attaqué le seul espace vital d'une zone où, contrairement aux quartiers nord, chaque centimètre carré est contraint, contingenté. Les jeunes n'ont nulle part où aller pour jouer, pas même, comme dans les cités, un terrain à moitié défoncé ou une dalle de béton trouée de mauvaises herbes.

Pourquoi, instruit de cette situation, ai-je chassé ces jeunes de la cour, deux ans plus tard, en ce jeudi de l'Ascension ? Après tout, ils étaient heureux, là, à taper le ballon sous le soleil. Ce n'est ni leur faute ni la mienne si les politiques ont laissé ce quartier devenir un ghetto, si aucun espace d'urbanité n'a été sauvegardé ni prévu. Ils ne m'avaient pas bousculé, ni même envoyé paître de quelque « Casse-toi, pauvre con ! » Ils n'étaient pas en train d'agresser des petites vieilles. Ils s'étaient simplement immiscés dans le seul espace que la ville aurait pu leur concéder, mais que je me trouvais dans l'obligation de défendre, acte dérisoire s'il en est

– j'étais sans doute le seul à y voir une affirmation de l'autorité de l'État sur un de ses territoires.

Minuit.

J'arrive à l'Évêché, imposante bâtisse du XVIIe siècle, érigée d'abord pour servir de résidence à l'évêque de Marseille, devenue propriété de l'État à la faveur de la loi de séparation de l'Église et de l'État de 1905. Je répète mon histoire. À la fin de la déposition, le policier me demande si je me sens capable de reconnaître certains jeunes que j'ai chassés de la cour de récréation pendant l'après-midi. J'acquiesce. On m'emmène dans un service voisin. Le policier sort un classeur plastifié. Je commence à le feuilleter. Je ne reconnais avec certitude aucun des jeunes qui jouaient au foot quelques heures auparavant. Défilent en revanche, sous mes yeux ébahis, les fiches de police d'une bonne quinzaine de mes élèves de troisième. Pas forcément ceux que j'imaginais trouver là.

3 heures du matin. Je rentre et m'écroule littéralement, avec l'espoir de me lever à temps pour terminer de préparer mes conseils de classe.

Au réveil, je n'ai qu'une obsession : ne pas dramatiser, et ne pas laisser médiatiser l'histoire. Le collège a déjà assez de méchantes affaires sur le dos. Je me mets rapidement d'accord avec la conseillère principale d'éducation et l'ouvrier de maintenance du collège qui, pendant la nuit, a obturé les baies vitrées de mon bureau à l'aide de panneaux en contreplaqué. Nous allons raconter que c'est une affaire de vitres brisées, rien de plus qu'une énième tentative d'intrusion. Je veux à tout prix éviter une grève des enseignants, que j'accueille personnellement ce matin-là. Tout le monde se saisit de ce discours... moi y compris. Au point de me persuader, pendant quelques heures, que tout cela n'était qu'un cambriolage manqué.

Je dois aussi en persuader les deux journalistes qui rôdent, appareil photo en bandoulière, autour de l'établissement. Ils ont glané leurs informations auprès des forces de l'ordre et commencent à interroger les personnels et les élèves sur « la tentative d'homicide du week-end de l'Ascension ». Par mesure de sécurité, je passe un coup de fil à un des rédacteurs en chef de *La Provence,* dont j'ai obtenu les coordonnées par un ami commun, pour minimiser l'incident et tenter de le décourager de publier un écho.

Lundi soir. Je pense pouvoir clore le dossier. Vers 19 h 30, je suis de nouveau seul dans le collège quand je commence à éprouver des sensations aussi étranges que désagréables. Ma respiration se fait difficile, le souffle se raréfie, j'ai la tête qui tourne... Quelques instants plus tard, je suis en pleine crise de panique. Je réussis à rejoindre mon appartement, à me coucher. Impossible de fermer l'œil.

À 7 heures le lendemain, je rejoins mon bureau. Je ne tiens pas en place. Je dois m'y résoudre : j'ai peur.

Je vais traîner en salle des professeurs, lieu que j'évite de fréquenter pour laisser aux enseignants un espace à eux. Mon malaise doit être visible : une enseignante me suit dans le couloir – une professeure de lettres classiques, impliquée mais toujours discrète.

« Ça ne va pas, monsieur le Principal ?

— Non. Ça ne va pas…

— Mon mari dirige une agence bancaire. Il a été pris en otage il y a quelques années. Je reconnais ses réactions dans les vôtres. Il s'en est sorti car la banque a immédiatement mis en place un accompagnement psychologique. Mais ici on est à l'Éducation nationale. Si vous ne vous en occupez pas, personne ne le fera à votre place. Je peux vous retrouver le nom du psychiatre qui l'a suivi. Il est spécialiste de la gestion de ces traumatismes. Ne laissez pas passer. »

Quelques heures après, je parviens à joindre ce psychiatre qui, à peine la description des symptômes achevée, me convoque pour le lendemain. Il va me suivre pendant trois mois mais, dès le début, il identifie ce qui sera au cœur du travail de reconstruction : « Vous devrez comprendre que ce n'est pas Bernard Ravet qui a été agressé, mais le principal du collège. »

Quelques semaines me suffiront à reprendre le collier, après cette « tentative d'homicide » dont les auteurs ne seront jamais retrouvés, pas plus que les incendiaires du gymnase. Mais aujourd'hui, quinze ans plus tard, jeune retraité de l'Éducation nationale, je continue à m'interroger sur ce qu'est un principal de collège.

Je pensais alors embrasser une carrière aux contours assez nets. Priorité des priorités, je devais être garant du fait que les élèves apprennent quelque chose. C'est le mythe sur lequel fonctionne l'Éducation nationale. Tenir les programmes. Faire passer les examens. Certifier. Les mêmes programmes, les mêmes examens, les mêmes certifications, de Lille à Marseille, de Brest à Strasbourg, de Cayenne à Nouméa. Fut un temps, lointain, où la République, décidément bonne mère, établissait même des emplois du temps identiques pour tous les élèves d'école élémentaire du pays. Morale à 8 h 30. Lecture à 9 heures Grammaire à 10 heures. Et ainsi de suite. La IIIe République naissante allait évangéliser laïquement une France alors rurale et catholique, forte de son armée de « hussards noirs », ces fiers instituteurs que Charles Péguy comparait aux membres de l'escadron de cavalerie constitué pendant la Révolution, en 1793, pour assurer le triomphe de la République naissante.

C'est au nom de ce mythe que l'Éducation nationale continue à envoyer dans des collèges comme Versailles de jeunes enseignants souvent sympathiques et pleins de bonne volonté, essentiellement obsédés par la didactique de leur discipline, c'est-à-dire par la façon d'enseigner leur matière. Mais parfaitement ignorants, pour la plupart, de ce qui permet d'obtenir un minimum d'attention de la part d'adolescents comme ceux que nous accueillions.

Deuxième objectif : gérer les personnels. D'un côté les enseignants, une soixantaine dans un collège comme Versailles ; de l'autre ceux que l'Éducation nationale appelle les « non-enseignants » – conseillers principaux d'éducation, infirmière, ouvriers, cuisiniers… Cette façon de désigner les seconds par la négative, de les nommer par ce qu'ils ne sont pas, en dit long sur la primauté des premiers. Même si, depuis 1989, la notion de « communauté éducative » est censée l'emporter, y incluant les parents. Encore faudrait-il, pour que cette notion s'impose, que chacun soit convaincu de participer non seulement à l'instruction des élèves mais aussi à leur éducation, ce qui est loin d'aller de soi.

Cette mission, le principal la remplit les mains liées. Il n'a aucune autorité pédagogique sur les enseignants. Tout juste leur attribue-t-il, une fois l'an, une note dite « administrative », qui reflète leur attitude dans le travail. Elle entre dans le calcul de leur avancement, mais de manière marginale.

Les leviers de management dont dispose le chef d'établissement sont donc peu nombreux. Créer les conditions qui donneront envie aux enseignants de se mobiliser autour de projets particuliers, faire preuve de charisme et, arme absolue, utiliser intelligemment le seul véritable pouvoir qui lui est conféré : la conception des emplois du temps.

Troisième mission : gérer au mieux un groupe d'adolescents. Dans un collège comme Versailles, elle écrasait toutes les autres. Nous avions affaire à près de 700 piles électriques, des gamins incapables de se parler autrement qu'en hurlant, hypersensibles à la moindre critique, éruptifs, impulsifs, imprévisibles.

Quatrième et dernier objectif : inscrire l'établissement dans son environnement social. Créer des liens avec les habitants, le tissu économique, les institutions culturelles et sportives, le quartier... Je découvrirai rapidement que plus cette mission est ardue à remplir, plus les autorités éducatives – rectorat et ministère – se voilent la face.

J'ai traité la première mission en ancien instit, la deuxième en « pédagogue offshore », la troisième en directeur d'ONG, la quatrième en commissaire de police. C'était difficile, complexe, éreintant, mais possible. Jusqu'à ce que je bute contre un adversaire d'une nature tout autre : Dieu. Face à la montée de l'emprise du religieux sur les quartiers, il me fallut devenir « imam de la République ». Rien ne m'y avait préparé.

1

DIRECTEUR D'ONG PÉDAGOGIQUE

« Ne dites pas à ma mère que je suis principal de collège... Elle me croit directeur d'une ONG pédagogique. » Je me souviens nettement de la première fois que j'ai détourné le titre du livre du publicitaire Jacques Séguéla pour tenter de décrire mon métier (« Ne dites pas à ma mère que je suis dans la publicité... Elle me croit pianiste dans un bordel »). J'étais encore en formation, jeune étudiant de 50 ans, lauréat du concours de chef d'établissement après avoir dirigé pendant vingt ans des centres de documentation pédagogique. Toutes les six semaines, l'Éducation nationale nous réunissait, apprentis principaux et proviseurs, afin que nous échangions sur nos expériences respectives.

Je suis alors en stage dans un collège des quartiers nord de Marseille, en zone d'éducation prioritaire. Déjà. La conversation vogue, placide, sur l'organisation de l'année, la meilleure façon de gérer un budget, la subtile gestion d'une dotation horaire globale...

Je cherche le regard des deux ou trois collègues qui sont également en ZEP. Je les trouve facilement. Et j'y lis la même incompréhension. Nous sommes à mille lieues de ces questionnements bureaucratiques, propres à une institution dont le fonctionnement et les valeurs semblent aller de soi. Nous vivons dans un autre monde. Exerçons un autre métier. Personne, autour de nous, ne semble s'en rendre compte, voire s'en préoccuper. Pourtant, aucun d'entre nous n'ose affronter la hiérarchie, prendre un inspecteur ou un recteur entre quatre yeux et lui dire : « Arrêtons de nous mentir, la gestion de l'urgence sociale a pris le pas sur tout le reste. » Il faudra attendre dix ans pour qu'un Premier ministre, Manuel Valls, ose appeler un chat un chat et parler d'« apartheid ». À l'époque, ce discours est inaudible.

Directeur d'ONG pédagogique, donc. Dans un camp de réfugiés. Après la crise économique. Et, je le comprendrai vite, en pleine islamisation.

« Arrête de me crier ! »

J'exerce dans ce lieu clos, dont les gens ne peuvent pas sortir, auquel ils ont été assignés sans leur consentement – élèves comme personnel –, confrontés à d'autres cultures. Un lieu clos où l'institution que je représente et que je porte ne fonctionne pas comme elle devrait.

Un lieu où l'État employeur semble ne m'adresser qu'un seul message, cynique et dépressogène : « Soyez présent et occupez-les. »

Ce sentiment d'une dilution de la mission ne me quittera jamais. Celui d'une absence totale de prise de conscience de l'État. D'où le parallèle avec une ONG : organisation *non gouvernementale.*

Comme dans un camp de réfugiés, une mission l'emporte sur toutes les autres : gérer la survie. Il faut dire que dans un quartier comme celui de Versailles, le collège est la seule institution qui tienne debout. Avec une assistante sociale, une infirmière, des adultes, tout simplement, auxquels les adolescents peuvent se confier. Si bien qu'il se transforme en réceptacle naturel de malaises et de souffrances qui n'ont pas d'autre lieu d'expression possible.

La violence n'est que la partie émergée de l'iceberg même si, à l'évidence, c'est ce qui saute au visage en premier. Violence contre les adultes, heureusement rare. Violence entre les jeunes, constante, elle. Comme si tout commerce normal entre eux était impensable – en témoigne la récurrence de cette expression dans la bouche des élèves : « Arrête de me crier ! »

Ici, à Versailles, tout rapport avec autrui est un rapport de force, qui ne laisse aucun espace à l'empathie. Les garçons l'entretiennent dans le registre de l'agression verbale permanente, de la démonstration virile ; souvent d'ailleurs, cela en reste là. Les filles se comportent de manière plus insidieuse mais non moins âpre. Comme ce jour où une poignée d'entre elles ont monté une expédition punitive pour se venger d'une jeune fille qui avait « piqué » le petit ami d'une des leurs. Après l'avoir coincée dans le quartier, elles lui avaient coupé les cheveux. Et avaient filmé la scène, puis l'avaient diffusée sur les réseaux sociaux.

Ces actes de violence entre filles sont récents. Avant, en cas de conflit, les frères ou les cousins étaient appelés à la rescousse pour régler les différends. Désormais, il existe des bandes de filles, qui signent elles aussi leur territoire dans le quartier : « Nadia the boss » ou « Djamila the boss ». Leurs bagarres peuvent être bien plus violentes que les bagarres de garçons. Un jour, nous avons dû nous y mettre à quatre adultes pour séparer deux adolescentes qui s'étripaient dans la ruelle menant au collège. Au mépris de toutes les instructions, nous sommes intervenus physiquement, pour les ceinturer, piétinant les recommandations formulées pendant notre formation – s'en tenir à des admonestations verbales –, totalement dérisoires face à un tel déchaînement de violence.

Faire la grille

Jamais le rapport de force entre adolescents ne s'interrompt. Ils ne peuvent pas se croiser dans les escaliers ou dans un couloir sans qu'une épaule ou un cartable dépasse. Quant à attendre calmement devant une salle de cours…

Cette violence latente, je l'éprouve quasiment tous les matins, lorsque j'accueille les élèves à l'entrée du collège, avec le conseiller principal d'éducation et deux surveillants. C'est ce que nous appelons, dans le métier, « faire la grille ». Dès 7 h 30, après être passés au bureau et avoir effectué un tour du collège pour saluer les agents, nous nous plantons sur le trottoir, devant la grille. Devant et jamais derrière. Pour affirmer qu'ici c'est chez moi, puisque le principal est aussi responsable des abords de son établissement. Je marque mon territoire, tous les jours, presque comme le ferait un caïd.

À Versailles, cette dimension est renforcée par l'existence d'un sas. Nous ne l'utilisons pas le matin, car l'entrée des élèves prendrait trop de temps. Le reste de la journée, on doit sonner, se faire ouvrir une première grille, s'identifier, pour pouvoir passer la seconde grille. Comme pour entrer dans une banque. Ou circuler dans une prison. Mais ce sas matérialise aussi le fait qu'on pénètre dans un territoire où prévalent d'autres règles que celles du quartier. Cela, les élèves le comprennent parfaitement. Beaucoup parlent alors de Versailles comme d'une prison, où ils sont enfermés, mais également protégés.

Je fais aussi la grille pour saluer les mères qui accompagnent encore leurs enfants – essentiellement les petits de sixième. Et pour rassurer ceux qui ont peur dans le quartier et leur laisser croire, même si c'est faux, que si le principal est là rien ne peut arriver. Pour leur témoigner que je m'intéresse à eux.

J'en profite, au passage, pour jeter un œil sur les environs, repérer un manège inhabituel, identifier un véhicule qui s'attarde sans raison. Il m'arrivera, de manière totalement illégale, de prendre discrètement en photo, à l'aide de mon portable, des jeunes étrangers au collège dont je trouve le comportement suspect. À plusieurs reprises, cela permettra à la police d'identifier les auteurs d'une agression, advenue plus tard, dans les environs.

Je tente aussi de deviner les rapports de domination qui se sont parfois installés à l'intérieur du collège, quand un groupe d'élèves en terrorise un autre.

C'est ainsi que je découvre une affaire de racket spécialement perverse. Des casiers nominatifs ont été installés pour permettre d'alléger les cartables. Les élèves peuvent y déposer manuels et cahiers superflus. Chaque casier est fermé par un cadenas. Jusqu'à ce que des grands aient l'idée d'ajouter un second cadenas. Il faut payer pour récupérer la clé. La seule façon de mettre un terme à ce racket fut de poster systématiquement un surveillant près des casiers aux horaires où les élèves les utilisaient…

Certains matins, l'ambiance est électrique. On devine, sans pouvoir l'expliquer, qu'il s'est passé quelque chose dans le quartier. La tâche était bien plus ardue à Versailles qu'au collège Manet, dans les quartiers nord, où nous avions obtenu le renfort de médiateurs. Ils nous aidaient à assurer une présence forte des adultes aux alentours du collège, et nous informaient de ce qui se passait dans le quartier. Plus tard, ils allaient nous aider aussi à détecter les conflits sur les réseaux sociaux, qui peuvent déclencher de terribles règlements de comptes.

Sur le qui-vive, en permanence

Toute journée se déroule donc sur le qui-vive, habitée par la hantise de tout chef d'établissement en ZEP, celle de la bagarre généralisée, de la « baston » que même une dizaine d'adultes ne peuvent interrompre et au cours de laquelle un coup de couteau fatal sera porté. Car des couteaux, il en traîne dans les sacs, que nous ne pouvons fouiller. Fort heureusement, je n'y serai jamais confronté. Mais pas une semaine ne passe sans que des coups soient échangés, dans les couloirs, dans la cour de récréation, parfois même dans les salles de classe. Un regard perçu comme de travers. Le professeur tourne le dos. L'élève quitte sa place et balance son poing dans la figure d'un autre. Le tout ne dure que quelques secondes.

Tout comme n'aura duré que quelques minutes le cambriolage du CDI, le centre de documentation et d'information. Il faut avouer que nous avions commis une erreur de débutants : faire livrer les nouveaux ordinateurs au vu et au su de tous, un lundi après-midi, sans avoir le temps de les déballer et de les connecter dans la foulée.

3 heures du matin, le soir même. L'alarme se déclenche, excessivement stridente – elle réveille tout le quartier. Je saute dans mon survêtement et mes baskets. Ils ne quittent jamais une petite chaise placée près de mon lit au cas où il se passerait quelque chose pendant la nuit, ce qui arrive en moyenne tous les quinze jours. Je fonce vers le panneau du système d'alarme pour connaître la zone où a eu lieu l'intrusion. Parfois, elle se déclenche simplement pour un chat ou un rat, dans les cuisines. Cette fois c'est le CDI qui est visé. J'appelle le commissariat puis gagne l'arrière du bâtiment, pour faire entrer les policiers.

Les voitures arrivent. Dix minutes à peine se sont écoulées, quinze tout au plus. Nous nous dirigeons vers le CDI. Découvrons qu'une grille a été forcée, un carreau cassé. Mais les voleurs ont déjà disparu. Avec tous les ordinateurs flambant neufs destinés aux élèves. Sans qu'aucun habitant du quartier prévienne la police, alors même que plusieurs nous confieront, le lendemain, avoir entendu et vu le vol. Mais ici, la police, on ne l'appelle pas.

Face à cette violence incessante, je me découvre très vite une âme de policier new-yorkais sous le règne de

Rudy Giuliani, le maire qui se rendit célèbre pour avoir mis en œuvre en 1994 la théorie de la « vitre brisée », plus connue sous le nom de « tolérance zéro », afin de lutter contre le crime alors galopant dans sa ville. Le principe est simple : la multiplication des désordres mineurs produit un double sentiment d'insécurité pour les victimes, et d'impunité pour les auteurs, qui conduit immanquablement à des désordres majeurs. Réponse : ne rien laisser passer.

Qu'ils soient enseignants, surveillants, agents, tous les adultes avaient pour consigne d'intervenir dès qu'ils étaient témoins d'un acte de violence. Et souvent, le simple fait de dire « Tu arrêtes ! » suffisait. Nous tentions de répondre à la violence comme on traite un feu de forêt : si on arrive à éteindre la première allumette craquée, on évite l'embrasement. J'ai imposé la même réactivité pour lutter contre les dégradations. Hors de question de laisser les murs du collège se consteller des graffitis qui avaient depuis longtemps envahi le quartier. À chaque graffiti, nous repeignions.

Collège de mauvais genre cherche dame pipi

Ce combat a produit des résultats inattendus, voire inespérés. Avec une des intendantes du collège Versailles, nous nous désolions fréquemment de l'état des toilettes. Elles étaient en permanence sales, souillées, dégradées. Pourquoi les supermarchés réussissaient-ils à maintenir la propreté dans ces lieux et pas nous ? Un responsable de supermarché nous a donné le truc : « Un agent d'entretien, avec son chariot de produits et de brosses, circule en permanence du côté des toilettes. Peu importe qu'il nettoie ou pas ; sa simple présence a un effet dissuasif. »

Je convaincs le conseil général de refaire les sanitaires et de financer l'embauche d'un agent de nettoyage, en emploi aidé. Sans mal : contrairement à l'Éducation nationale, qui se voile la face sur la réalité de ce que vivent les élèves et les personnels, le conseil général a parfaitement compris ce que nous endurons, et ne rechigne jamais à nous aider. Pour preuve, à la même époque, il planifie la destruction-reconstruction de quinze collèges à structure métallique construits dans les années 1960 sur le même modèle que le collège Pailleron, à Paris, ravagé par un incendie tragique tuant 20 personnes, dont 16 enfants, en février 1973.

En revanche, je ne me vois pas passer une petite annonce à Pôle emploi. *« Collège de mauvais genre recherche dame pipi » !* Il faut ruser. J'appelle à la rescousse Mme Berrebou, une femme formidable, parent d'élève à Manet, mon précédent collège. Une figure de la cité des Flamants, dans les quartiers nord. Elle est peut-être la principale personne-ressource grâce à qui nous réussissions à avoir des liens avec le quartier.

Elle a même été décorée de la légion d'honneur pour l'ensemble de son travail avec les associations !

Elle comprend tout de suite ma problématique. « Vous ne cherchez pas quelqu'un seulement pour laver, n'est-ce pas ? C'est aussi pour éduquer... J'ai mon idée. » Et elle me présente Fatima, 35 ans, majestueuse femme de ménage, élevée aux Flamants, qui cherche un emploi aidé.

En quelques jours, Fatima fait des toilettes du collège son territoire. Elle passe des garçons aux filles sans problème. S'assure de la propreté des lieux. Mais surtout, elle discute avec les élèves. Et très vite, ces derniers se confient à elle. Si bien qu'un jour Fatima vient me voir : une gamine de 15 ans lui a avoué qu'elle était enceinte. Elle ne l'a dit ni à l'infirmière, ni à l'assistante sociale, mais à Fatima qui, toute de bienveillance, avait transformé « ses » toilettes en lieu de parole. C'est elle qui accompagnera cette élève, une petite Comorienne, chez l'infirmière, avant que la machine sanitaire se mette en route pour accompagner la grossesse de cette jeune fille, notamment vis-à-vis de sa famille. Chez les Comoriens, la structure familiale ne ressemble en rien à la nôtre ni à celle des Maghrébins. Pas de cellule père-mère-enfants, mais un indéchiffrable entrelacs d'oncles et de tantes, de cousins et cousines, au sein duquel je comprends que le rôle de chef de famille est habituellement tenu par l'oncle maternel – le géniteur n'a pas grande importance dans le tableau. Cette famille élargie prend en charge tous les enfants, mais ne simplifie pas la vie du chef d'établissement formé à travailler la relation « famille-école » sur un schéma traditionnel !

Marseille, l'autre capitale des Comores

Vous ne pouvez pas diriger un établissement des quartiers populaires marseillais sans vous intéresser à cette communauté, plus nombreuse à Marseille qu'à Moroni et Mamoudzou, chefs-lieux respectifs des Comores et de Mayotte. Ces villes abritent chacune 50 000 habitants ; ils sont près de 80 000 à Marseille, depuis que la France des Trente Glorieuses, dans les années 1960, a siphonné ses colonies pour participer à la reconstruction du pays.

Les Comoriens ont vite adopté la cité phocéenne. « Sous le soleil de Saint-Charles, on se sent comme à la maison » expliquait en 2012 au site Slate Afrique un ancien vice-président de l'Assemblée nationale comorienne. Preuve de cette bonne acclimatation, l'indépendance de l'archipel, en 1975, ne déclencha que peu de retours au pays. Aujourd'hui, la communauté est déchirée entre ses traditions d'origine, portées par une première génération vieillissante, et les revendications d'une jeunesse effervescente, troisième génération lasse de porter le joug de coutumes d'un autre temps – « lors des réunions communautaires, c'est l'homme qui parle ;

on appelle les femmes seulement quand il faut faire à manger », témoignait la Franco-Comorienne Fatima Ahmed, présidente de l'association B.Vice, victime d'un mariage forcé à 16 ans.

« Ce genre de choses arrive de moins en moins », certifiait-elle alors, sans que j'en sois entièrement convaincu. Venue nous aider à préparer des costumes pour le carnaval, mon épouse avait été témoin d'un échange édifiant entre une jeune Comorienne et une jeune Maghrébine, la première expliquant à la seconde qu'elle retournerait aux Comores son diplôme du brevet en poche, afin d'épouser un garçon qui lui avait déjà été désigné par la famille. Le plus poignant du dialogue était la résignation absolue de cette jeune fille : comme nombre de ses camarades, elle ne voyait ni alternative ni salut possibles. Le poète Ahamada Smis évoque lui aussi, toujours sur le site Slate Afrique, la persistance des traditions : « À Marseille, nous sommes 10 % de la population. Mais nous sommes invisibles, parce que notre culture s'épanouit au sein de notre communauté, tous les week-ends, à travers des manifestations diverses, des concerts, la musique toirab, et on ne pense pas que cela puisse intéresser d'autres personnes. Beaucoup travaillent toute la semaine à Marseille. Mais le week-end, ils restent au sein de la communauté. Surtout les filles, les garçons vivant aujourd'hui davantage à cheval sur les deux mondes. »

Ces dernières années, ces inégalités d'origine culturelle ont trouvé un nouvel alibi avec la montée du religieux. Face à cette redoutable combinaison d'influences, l'impératif d'égalité garçons-filles que la République nous demande de porter ne pèse pas bien lourd. La seule bouée de secours dont s'emparent certaines de ces jeunes filles, c'est la réussite scolaire. Dans tous « mes » collèges, les bons élèves étaient des bonnes élèves – d'autant plus que le bon élève garçon se voit immédiatement accoler l'étiquette infamante de « fayot ». Non seulement il doit travailler plus dur que les autres, mais il lui faut résister à une pression sociale monstrueuse. Je pèse mes mots : j'ai même vu de jeunes enseignants issus de l'immigration se faire plus rudement chahuter, voire mépriser, que leurs collègues d'origine franco-française. Ils étaient vus comme des traîtres.

Sans parler du grand classique que connaissent tous ceux qui ont enseigné dans les quartiers : la référence, constante, à la réussite matérielle que procure l'économie parallèle. Le « vous roulez en Clio, moi je roule en BMW » que les grands frères, pas forcément agressifs d'ailleurs, vous lancent. Ils se sont informés. Ils ont fait leurs comptes. « On gagne dix fois plus que vous », précisent-ils. Allez les convaincre que cette « réussite », normale et même légitime dans leur environnement, présente moins d'attraits que la patiente réussite scolaire que nous essayons de leur vendre…

Les filles, tenues pour quantité négligeable, sont au moins à l'abri de ces pressions. Mais la plupart d'entre elles ne se projettent pas dans des études universitaires. Et quand on suggère aux familles qu'une fille qui se destine à un baccalauréat professionnel pourrait faire médecine, on s'entend souvent répondre : « ce n'est pas pour nous », sans savoir comment contrer cette implacable résignation face à la fatalité sociale.

« Avoir un bébé n'est pas une maladie »

J'irai à la maternité voir mon élève et son bébé, une adorable petite fille, déjà entourées par les copines du collège. Mais passé le moment d'émotion, je retombe violemment sur terre. Cette jeune fille est en troisième et doit saisir ses vœux d'orientation en lycée dans un système informatique qui ne prévoit pas de case « lycéenne avec bébé ayant besoin d'un établissement proche de son domicile ».

Je demande une dérogation pour motif médical. Refusée ! Le médecin-conseil du rectorat me fait benoîtement la leçon. « Monsieur le Principal, avoir un bébé n'est pas une maladie. » Je découvre que le système est incapable de prendre en considération la situation de cette élève. Une fois encore, c'est la solidarité entre chefs d'établissement qui me sauvera – et sauvera cette élève. La proviseure du lycée professionnel voisin, que j'informe, comprend immédiatement.

« Ne t'en fais pas. Oublie la procédure, je la prendrai et on régularisera après coup. »

Par deux fois j'aurai à gérer des grossesses. Sans plus de soutien des autorités rectorales pour qui je suis principal de collège et non directeur d'ONG pédagogique. Pour elles, ma problématique n'existe simplement pas.

Celle de l'inceste non plus.

Droit de cuissage

Collège Manet, cette fois, quartiers nord. L'assistante sociale est en arrêt maladie et, bien sûr, n'a pas été remplacée. À la récréation de 10 heures, une élève, une petite Comorienne, vient nous voir, la principale et moi – je suis alors adjoint. « Une de mes copines est mal. Son oncle et son cousin la violent, régulièrement. » Nous faisons convoquer cette jeune fille avec l'assistante sociale de l'Inspection académique qui viendra nous prêter main-forte. En quelques instants, elle confirme.

Dans une telle situation, l'essentiel est d'agir très vite. L'assistante sociale fait un signalement à la police. La brigade des mineurs débarque au collège. Une policière entend la jeune fille. Qui raconte de nouveau ce qu'elle vit. La policière me prend à part.

« Je n'ai pas de doute sur ce qu'elle raconte. En revanche, nous ne pouvons pas entrer dans la cité, et si nous convoquons l'oncle il ne viendra pas. Pourriez-vous trouver un prétexte pour qu'il nous rejoigne ici ? »

Le manuel du parfait chef d'établissement ne prévoit pas ce cas de figure – monter un traquenard pour confondre un violeur d'enfant. Je donne mon accord, parfaitement conscient de commettre un abus de droit. J'appelle l'oncle, qui accepte de venir. Je le guide vers une petite salle de réunion. « Il y a des personnes qui veulent vous parler. » Il reconnaît les faits, d'autant plus aisément qu'il ne voit pas le problème. « La petite n'est plus vierge. Elle a été souillée. Elle est impure. » Dans sa « tradition », cela autorise le droit de cuissage, pour lui comme pour son fils. Il est placé en garde à vue. Nous l'exfiltrons discrètement du collège. La petite est placée en foyer. La séquence a duré trois heures.

Autant dire que ni le principal ni moi n'avons, dans cet intervalle, rempli les tâches que nous avions prévu de remplir ce jour-là. L'urgence, la survie, toujours, qui priment sur tout le reste, à commencer par les missions que l'institution nous assigne.

Petits arrangements en famille

Dix ans plus tard, au collège Izzo, à La Joliette, je revivrai cette scène. Nous avions monté une section d'athlétisme, profitant des largesses du Conseil général, qui avait construit une piste attenante au collège. Une de nos élèves, d'origine africaine, porte tous nos espoirs : elle a été sélectionnée dans l'équipe départementale en demi-fond. Mais ce jour-là, ce n'est pas d'une crampe ou d'un muscle froissé qu'elle vient parler à l'infirmière. Son grand frère abuse d'elle.

L'infirmière procède au signalement. La jeune fille est entendue par la police dans la demi-journée. Le frère est confondu. Le lendemain matin, leur mère demande à me rencontrer. J'en suis touché : les remerciements sont rares. Et je suis heureux de pouvoir parler de la suite avec cette femme élégante, qui a un travail, avec qui il me semble facile de communiquer – comment prendre en charge sa fille au mieux, l'aider à surmonter ces agressions, à gérer la honte… Quelle naïveté ! Car c'est une engueulade en bonne et due forme que cette mère est venue me passer. « Pourquoi ne m'en avez-vous pas parlé d'abord ? On se serait arrangés ! » J'avais privé cette mère de son fils. Dans un tel contexte familial, si cette élève n'avait pas été en confiance dans le collège, elle n'aurait jamais parlé.

De la confiance

Créer les conditions de la confiance.

C'est le principal carburant de la lutte contre la violence. Pour savoir ce qui se passe, dans le collège bien sûr mais aussi, autant que possible, à l'extérieur. Car l'information circule. Elle me parvient, le plus souvent par les surveillants, eux-mêmes informés par les élèves – ces derniers ne prennent quasiment jamais le risque de venir dans mon bureau pour « balancer » un camarade. Mais ils parlent.

Nous sommes toujours au collège Jean-Claude-Izzo. En ce lundi de printemps, une professeure m'adresse un élève : elle a oublié ses clés. Je lui confie mon passe. Le passe recèle le pouvoir du principal. Ce sont les clés de la ville dans l'ancien temps. Ces clés qui ouvrent tout, et que les élèves connaissent. À la fin du cours, un autre élève me rapporte le passe. Je le récupère distraitement : je suis en train de m'occuper d'Ahmed, un élève à problèmes, qui collectionne sanctions et exclusions, un de ces élèves qui ont épuisé la patience de tous les personnels. Je pose le passe sur mon bureau. Je suis appelé au secrétariat. Quand je le cherche, quelques heures plus tard, je ne m'inquiète pas vraiment. Me dis qu'il a dû se glisser dans un dossier. Ou dans la poubelle – la femme de ménage est passée. Au bout d'un moment, j'interromps mes recherches, convaincu qu'il finira bien par réapparaître.

Deux jours plus tard, le mercredi après-midi, veille du pont de l'Ascension, l'alarme du collège se met à hurler. Un des radars de protection du gymnase a été endommagé. Je suis alors en voiture, à une quarantaine de kilomètres du collège. Le gardien du gymnase m'indique qu'un élève lui a confié qu'un de ses camarades se vante d'avoir le passe du collège.

« Il vous a donné le nom de son camarade ?

— Oui : Ahmed. Il a l'intention de venir pendant le week-end et de voler tous les ordinateurs de l'établissement. »

Je comprends que je viens de retrouver mon passe.

Ahmed est un peu fruste intellectuellement, et il a déjà un passé de petit délinquant. Il a un éducateur, est déjà passé devant le juge des enfants. Je ne peux pas douter du sérieux de la menace. Je fais demi-tour, effectue un crochet par mon bureau pour récupérer son adresse, embarque le secrétaire du collège, qui ne veut pas me laisser seul même si, au fil des ans, j'ai tissé suffisamment de relations de confiance avec le quartier pour oser m'y rendre tout seul. Quelques minutes plus tard, nous arrivons au domicile d'Ahmed, dont j'ai déjà croisé la mère deux ou trois fois. Nous sonnons. Elle nous ouvre.

« Ahmed ? Non, il n'est pas là. Il joue dans le quartier. J'envoie son grand frère le chercher. »

Une demi-heure s'écoule. Ahmed arrive.

« C'est toi qui as volé mon passe ?

— Oui.

— Si tu me le rends, je te promets de ne pas porter plainte, ni de te faire passer en conseil de discipline. Tu auras une semaine d'exclusion, car ce que tu as fait n'est pas acceptable, mais on en restera là.

— Mais je ne l'ai plus cette clé ! Je l'ai donnée à Picsou.

— Picsou ?

— C'est un gars qui récupère des objets et les vend au marché aux puces.

— Eh bien, on va aller chez Picsou. »

La mère d'Ahmed et son grand frère échangent des regards inquiets, puis se parlent, à voix basse, en arabe. Elle me dit :

« N'y allez pas. On va s'en occuper. Retournez au collège. Je vous promets que la clé vous sera rendue avant la nuit. »

Je lui explique comment trouver l'entrée des appartements de fonction et rentre au collège. Sur le chemin du retour, j'interroge le secrétaire.

« L'élève qui a balancé Ahmed, il vous a donné ses raisons ?

— Oui. Il ne veut pas que les ordinateurs disparaissent. »

Une fois encore, je mesure toute l'ambivalence des rapports que les jeunes et, au-delà, le quartier entretiennent avec les collèges comme ceux-ci. Enclaves dans leur territoire, qui les dérange, qui complique la vie des dealers, les établissements scolaires sont aussi ces modestes havres de paix, d'une normalité dont la plupart ne font que soupçonner l'existence, mais à laquelle ils s'attachent malgré tout.

21 heures. La maman d'Ahmed est au rendez-vous et me rend la clé. Je lui confirme la promesse faite à Ahmed qui, avec son passif, serait définitivement exclu en cas de conseil de discipline. Je le préfère encore dans mon collège, encadré par cette mère que je connais, et ce grand frère, élève en lycée professionnel. Exclure un élève, c'est l'éloigner d'un biotope au sein duquel on peut encore espérer l'aider. Elle repart. Je n'apprendrai qu'au bout de quelques semaines que c'est son fils aîné qui est allé récupérer la clé, et qu'il s'est fait casser la figure en guise de mesure de rétorsion.

Fugues

Les liens avec le quartier sont essentiels.

Quelques années auparavant, au collège Versailles. J'avais eu la chance inouïe d'y trouver une assistante sociale présente depuis plusieurs années. Une grande professionnelle, bienveillante, généreuse. Elle vient m'alerter. Le quartier bruisse d'histoires de fugues, de disparitions de jeunes filles. La rumeur y décèle la main d'un réseau de prostitution. Nous nous demandons si ces affaires, qui se multiplient, n'ont pas un rapport avec la présence, aux abords du collège, d'anciennes élèves qui, comme nous l'apprend l'assistante sociale, ont été placées en foyer après avoir fugué. C'est dans ce contexte qu'une mère d'élève vient me voir.

« Ma fille, Anissa, a fugué !

— Vous avez prévenu la police ? »

Elle me cache à peine combien ma question lui semble hors de propos.

« Ben, non. Je la cherche dans le quartier. »

Je la convaincs de prévenir quand même la police, que j'alerte de mon côté par la voie officielle – signalement au rectorat et au juge des enfants, etc.

Quelques jours plus tard, un matin, deux gamines viennent me voir. « Nous savons où est Anissa. Voici l'adresse. Attention, elle est chez des femmes qui se prostituent. » Elles sortent de mon bureau et croisent, dans la cour, la maman d'Anissa, qu'elles informent également. Cette dernière fait demi-tour sur-le-champ, fonce à l'adresse indiquée pour récupérer sa fille, qu'elle me ramène au collège une heure plus tard !

Entre-temps, j'ai joint la brigade des mineurs. « Anissa est de retour, venez ! » Les policiers, ennuyés : « En l'absence de flagrant délit, on n'est pas légitimes. La seule solution : que la maman vienne porter plainte contre les personnes qui séquestraient sa fille. » Dans un premier temps, elle rechigne. Je fais venir Anissa.

« C'est vrai que les femmes chez qui tu étais se prostituaient ?

— Oui, monsieur, c'est vrai.

— Et toi, elles t'ont demandé de le faire ?

— Non. Mais j'ai vu des choses que jamais une jeune fille ne devrait voir. »

Fort de ce témoignage, je remonte à la charge. La mère se laisse convaincre. Je n'aurai jamais le fin de mot de l'histoire, mais nous constatons dès lors que les fugues s'arrêtent.

Frères d'armes

Faire remonter l'information. Faire circuler l'information, au sein de l'établissement mais aussi en dehors, notamment en direction des services sociaux, de la justice et de la police. Et, bien sûr, entre collègues.

Pour lutter contre la violence, la solidarité entre chefs d'établissement joue à plein. À Izzo, j'entretiendrai ainsi des relations étroites avec mes homologues de deux collèges dont les élèves étaient rivaux des miens – ceux des collèges du Vieux-Port et Quinet. Si j'apprenais que certains de mes élèves s'apprêtaient à cogner au Vieux-Port, je prévenais immédiatement mon homologue et m'y rendais afin de faire la grille avec lui à la sortie des cours. Tête de mes élèves, venus en découdre sous couvert d'anonymat, quand ils me découvraient ! Le principal du Vieux-Port me rendait la politesse dans la situation inverse. Nous étions comme frères d'armes. Bien sûr, cette solution n'était qu'un pis-aller. Les élèves allaient se battre plus loin, à l'abri de nos regards. Au moins – petite consolation –, nous évitions que la bagarre dégénère et se généralise à d'autres jeunes.

J'aurai, par deux fois, à payer de ma personne pour éviter un tel drame. Nous sommes à Izzo, deux ans après la tentative d'homicide dont j'ai été victime. Le temps a fait son œuvre. Je n'y pense plus. La gestion quotidienne de l'urgence a empilé mille et un épisodes sur ce souvenir. Mais surtout la construction d'Izzo a absorbé toute mon énergie.

Le pari de l'ouverture

Situé sur le port de La Joliette, ce collège s'inscrit dans le nouveau quartier Euroméditerranée – un chantier de réhabilitation urbaine pharaonique : 480 hectares, 18 000 logements, 1 million de mètres carrés de bureaux, 200 000 mètres carrés de commerces, autant d'équipements publics, 7 milliards d'euros investis… Le quartier d'affaires est bien sorti de terre. Le quartier résidentiel peine à naître, pour cause de spéculation immobilière.

Izzo est censé désengorger les collèges du quartier, à commencer par Versailles, dont les élèves constitueront les deux tiers de ses effectifs. Ici, le choix architectural est diamétralement opposé. À la prison ceinte de grilles de quatre mètres de haut, nous opposons un collège ouvert sur la ville et sur la vie, à l'architecture colorée et ambitieuse, comportant des équipements accessibles à tous par des entrées indépendantes, en dehors des horaires d'ouverture du collège, ainsi que pendant les week-ends et les vacances : un petit théâtre, le terrain de sport avec sa belle piste d'athlétisme, un gymnase, une salle de danse, un dojo…

Le cabinet d'architecture I.L.R. (Roland Isnardon, François Lacube, Jacques Redondo) a tout mis en œuvre pour réaliser une symbiose harmonieuse entre le collège et le quartier, sans omettre les références à la riche histoire portuaire de Marseille : le bâtiment principal est surplombé de panneaux de béton évoquant les voiles d'un navire, la conciergerie est installée dans des containers, le théâtre est abrité par une tour en acier Corten rouillé rappelant les cheminées des bateaux au XIXe siècle…

Ce pari rappelle celui des Centres éducatifs et culturels qui avaient fleuri dans les villes nouvelles des années 1960-1970. L'idée était de concevoir les établissements scolaires comme des espaces publics, ouverts sur leur territoire – il y en a un à une heure de voiture, à Istres, qui a vu le jour en 1971, un autre à La Villeneuve, quartier de Grenoble, un autre à Yerres, en banlieue parisienne. Depuis, la tentation de bâtir des établissements « sanctuaires », étanches, l'a emporté. Ce que je peux concevoir : l'ouverture sur la ville reste un défi quotidien.

Nous l'avons vérifié à Izzo. Nous avions décidé de donner accès au terrain de sport aux jeunes de La Joliette en dehors des heures de cours. Quelques semaines ont suffi à d'autres jeunes, venus eux des quartiers nord, pour découvrir l'aubaine. Aux premières bagarres, nous avons compris que le seul régime d'ouverture viable était celui de l'ouverture… contrôlée – au début par des vigiles, puis par le personnel d'une association créée spécifiquement par le Conseil général et cofinancée par la politique de la Ville, alliant les compétences d'éducateurs spécialisés de prévention et d'éducateurs sportifs.

Politiques et urbanistes rêvent également Izzo comme un collège socialement mixte, accueillant non seulement les habitants historiques du quartier – mes élèves –, mais aussi ceux des classes moyennes supérieures qu'Euroméditerrannée est censé attirer. Ils omettent un léger détail : les familles qui ont les moyens d'acheter un logement dans ce nouveau quartier ont également ceux d'éviter à leurs enfants le collège du quartier, d'autant que la zone est très bien desservie en transports en commun. Cela n'a pas manqué : les rares familles aisées qui se sont installées dans le quartier ont inscrit leurs enfants dans le privé. Et le rêve s'est brisé : il n'y aura pas plus de mixité sociale à Izzo qu'à Versailles ou au Vieux-Port, et ce nouveau collège sera, dès sa deuxième rentrée, classé en zone d'éducation prioritaire après quelques mois de lutte légitime des enseignants.

Éviter l'évitement

Les familles aisées ne sont pas les seules à fuir ces quartiers et leurs collèges. En fait, toutes en rêvent. Quand vous dirigez de tels établissements, vous accueillez une population qui, pour l'essentiel, n'a aucune envie d'être là et saisira la première occasion de partir. De même, l'attrait pour l'enseignement privé n'est pas l'apanage de la bourgeoisie, petite, moyenne ou grande.

Je l'ai souvent constaté dans les familles d'origine maghrébine récemment arrivées. Leurs parents et grands-parents ont grandi dans un système où l'école constituait un tremplin efficace vers la réussite sociale. Ils arrivent avec le souvenir de ce mythe, porté notamment par la France coloniale comme par le FLN (Front de libération nationale), en Algérie. Ils comprennent rapidement que le privé portera mieux cet espoir que le public, même s'il m'en coûte de l'écrire. La raison principale ne tient pas à une différence de niveau entre enseignants ou établissements mais à la posture que les familles transmettent à leurs enfants : ils vont à l'école pour réussir. Il suffit que l'un des enfants, idéalement l'aîné(e), réalise un beau parcours pour que cette ambition scolaire se diffuse dans la fratrie. Le succès, bien sûr, n'est pas automatique – chaque enfant est différent –, mais au moins l'espoir existe.

Ces élèves, je devais me battre pour les attirer au collège. Je ne parle pas des plus brillants d'entre eux, ceux qui pouvaient viser un collège privé d'excellence, hors du quartier. Ils sont peu nombreux, et je n'avais à peu près aucun espoir que les familles me les confient au sortir du CM2. Mais pour les autres, j'étais en concurrence avec des collèges privés de quartier. Notamment près de Versailles, où le collège Saint-Mauront, un établissement installé là de longue date a totalement intégré l'accueil des populations issues de l'immigration, y compris musulmane. Sociologiquement, nous accueillions pour ainsi dire les mêmes publics. À une différence près, mais elle est de taille : ce collège était choisi de manière volontaire par les familles. Si bien qu'il récupérait, chaque année, des élèves plutôt en situation de réussite, entourés par des familles fortement impliquées dans leur scolarité.

J'entretenais néanmoins des relations courtoises avec mon homologue, qui était lui aussi confronté à des problèmes de violence. Lorsqu'il lui arrivait d'exclure un élève, il savait pertinemment que ce dernier atterrirait chez moi. Il avait la décence de m'appeler pour me prévenir et m'indiquer pour quelles raisons cet élève avait été exclu. Car dans de telles situations, il ne fallait pas trop compter sur les familles pour jouer franc-jeu. Le plus souvent, elles prétendaient avoir renoncé au privé « faute de moyens ». Je ne découvrais qu'en accueillant l'élève que son livret scolaire racontait une tout autre histoire, marquée par des incivilités et des actes de violence.

Cette solidarité de quartier nous permettait aussi de tisser une sorte de réseau de suivi informel. Un jour, ce collègue m'appelle.

« Un de mes élèves ne s'est plus présenté en cours depuis plusieurs jours et sa famille reste injoignable. Il s'appelle X. Il s'est manifesté chez vous ? »

Je reconnais le nom du petit nouveau que nous venons d'accueillir. Je m'enquiers :

« Il y a un problème ?

— Nous avons eu des soupçons de maltraitance familiale à son égard. Nous avons procédé à un signalement au juge. Mais apparemment la famille a compris d'où venait l'information. Dès l'ouverture de l'enquête sociale, l'élève a disparu. »

J'ai relancé la procédure. Le collègue avait vu juste : l'enquête a prouvé que le minot était maltraité. Il fut placé en foyer en dehors de Marseille par décision du juge.

Victimisation

Il existe, de ce point de vue, une différence significative entre Comoriens et Maghrébins. Les premiers ne placent pas d'enjeu particulier dans la réussite scolaire. Le petit va à l'école ? Savoir ce qu'il y fait ne semble pas le plus déterminant. Les seconds y attachent plus d'importance. Avec, parfois, des méthodes qui me laisseront interdit, quand j'apprendrai qu'il arrive encore que quelques familles continuent à mettre des claques aux enfants qui rapportent de mauvaises notes ou sont pris à sécher.

Mais le plus souvent, la responsabilité de l'échec est renvoyée à l'institution. Qui « ne nous aime pas ». Qui « ne fait pas ce qu'il faut ». Qui « ne nous comprend pas ». Plus les familles sont installées dans la pauvreté et la précarité depuis longtemps, plus ce sentiment prévaut. L'école, c'est l'échec, il n'y a point de salut à en espérer. Le tout lesté du poids terrible du passé colonial. D'autant plus lourd qu'on est ici dans le non-dit politique et psychologique. Non-dit politique car la France a tant tardé à affronter cette partie de son histoire. Non-dit psychologique car il est bien difficile de déceler, dans l'attitude d'une famille, la part de défiance ou de sentiment d'oppression héritée de cette époque.

La conception très ambitieuse d'Izzo n'avait pas pour vocation première de lutter contre la violence. Mais c'était évidemment un bénéfice collatéral espéré. La littérature scientifique sur le « climat scolaire » regorge de preuves de l'impact d'un espace ouvert et agréable sur l'atmosphère des établissements. Nous l'avons éprouvé à Izzo : l'ouverture du collège, ainsi que l'espace dont bénéficiaient les élèves – par opposition à la « prison Versailles » – offraient autant de soupapes qui allégeaient les tensions. Dans la cour, les filles pouvaient profiter des zones calmes prévues par l'architecte – un peu à l'écart, avec des bancs.

Une violence qui ronge de l'intérieur

C'est dans ce contexte que nous nous préparons, un an après l'ouverture du collège, à accueillir pour la première fois les épreuves du brevet des collèges, non seulement pour nos élèves mais aussi pour des élèves de collèges privés. Nous sommes parfaitement incapables d'anticiper l'attitude de nos élèves. Nous redoublons donc de vigilance. La matinée se déroule normalement, le début d'après-midi aussi. Vers 16 heures, on m'appelle. Un élève du privé s'est fait voler son téléphone devant le collège. Il est en larmes dans la loge de l'agent d'accueil. Je comprends rapidement que l'auteur de l'agression n'est pas un de mes élèves mais un jeune prédateur du quartier. Sa maman vient le chercher. Nous sommes ensemble dans le hall quand le garçon désigne un individu sur le parvis : « Il revient ! Il revient ! Je suis sûr qu'il va en voler un autre ! »

Sans réfléchir, je me précipite à l'extérieur. « Eh ! Jeune homme ? Vous faites q… » Pas le temps de finir ma phrase. Je me prends un magnifique coup de poing, qui me met K.-O. Je reviens, groggy, dans le collège. Nous appelons la police, qui arrive rapidement et nous entend tous. Le commissaire m'envoie consulter au service de médecine légale pour faire expertiser la gravité de ma blessure. Je suis en route pour l'hôpital de la Timone quand mon téléphone sonne. C'est l'agent d'accueil du collège.

« Monsieur le Principal, on connaît le nom de votre agresseur !

— Déjà ?

— Une mère d'élève a tout vu. Elle m'a appelé. Elle a refusé de me donner son identité. Mais elle dit qu'elle a reconnu le jeune. Elle m'a donné son nom et son adresse.

— Ça me dit quelque chose, ce nom…

— À moi aussi. »

De retour au collège, je compulse la liste des élèves et trouve ce nom de famille : c'est celui d'une élève de quatrième du collège. Et son nom ne m'est pas familier par hasard : c'est une de nos meilleures élèves. Vers 20 heures, je dépose plainte au commissariat. Dès le lendemain matin, la police cueille le garçon, qui reconnaît les faits et rend le téléphone. Il s'avère être le frère aîné de notre bonne élève. Les vacances passent sur cet incident.

Vient la rentrée. Le premier jour est entièrement dédié aux nouveaux arrivants, les petits de sixième. Nous les bichonnons toute la journée et, vers 16 h 30, je les rejoins pour la sortie, quand le gestionnaire me désigne, à une centaine de mètres, dans une zone en travaux que traversent les élèves, une goudronneuse à l'arrêt, surmontée par une épaisse fumée blanche. Nous pensons à un départ de feu. Nous partons en courant pour barrer le passage aux élèves et découvrons un jeune homme, extincteur en main, en train d'asperger les élèves de sixième. Je me jette sur lui. « Eh ! Jeune homme ! Vous faites q... » Je n'ai pas plus le temps de finir ma phrase qu'en juin, le jour du brevet. Le jeune homme en question m'a mis en joue et m'asperge de neige carbonique. Je parviens à retourner la lance dans sa direction. Le gestionnaire et deux surveillants, qui m'ont suivi, le ceinturent. Nous rentrons dans le collège. Ils l'enferment dans un bureau en attendant l'arrivée de la police. Je file me changer dans mon appartement. Je redescends pour découvrir une scène d'une rare violence. Le jeune homme est plaqué au sol par les policiers, qui peinent à lui passer les menottes. Ils l'embarquent. Le policier, auprès duquel je m'enquiers des raisons d'une telle violence, m'explique :

« Je le connais, ce jeune. Le 14 juillet, il m'a envoyé un grand coup de poing dans la figure, comme ça, pour rien. Vous comprendrez que j'aie quelque peu manqué de délicatesse...

— Il s'appelle comment ? »

Le policier feuillette son carnet. Et me donne le nom... de mon agresseur du mois de juin, que je n'avais pas reconnu dans le nuage de poudre blanche qui nous entourait quelques minutes auparavant. À ceci près que ce garçon, qui avait 15 ans à l'époque, en a désormais 16.

Il est placé en garde à vue et présenté au juge dès le lendemain. Il sera condamné pour l'ensemble de son œuvre à neuf mois de prison ferme.

Cette violence ronge. De l'intérieur. Parce qu'elle exige un contrôle de chaque instant. Parce qu'elle bouscule les repères intellectuels – telle la « tolérance zéro », que j'ai pratiquée alors que ce principe même heurtait toutes mes convictions. Parce qu'on s'y habitue, aussi. Insidieusement, on baisse la garde, on s'acclimate à ce bain quotidien d'incivilités, d'insultes, de cris, de bousculades…

Je ne parle pas seulement d'un léger relâchement de la vigilance, je parle de repères moraux érodés. Que valait, dans ce contexte, ma croyance en l'idée de Rousseau selon laquelle l'homme est « naturellement bon » et c'est la société qui le « déprave et [le] pervertit » ? Devais-je continuer à expliquer, à comprendre, voire à excuser cette violence, au nom du fait que ces enfants et adolescents sont en souffrance – et, objectivement, ils sont en souffrance ? Comment trouver le juste équilibre qui permet de ne pas répondre à la violence par la violence ? Comment ne pas la prendre pour une fatalité ? Comment ne pas exonérer l'école de sa responsabilité au motif qu'elle n'est que le réceptacle de souffrances produites par des situations sociales qui lui sont extérieures, qu'elle encaisse le choc avec des valeurs, une culture qui lui sont étrangères ?

2

Ma journée de la jupe

Ces questions, je vivais avec. Mais très vite, au début des années 2000, un autre adversaire est apparu. Dieu.

Collège Versailles, quelques jours après ma deuxième rentrée. Les réunions parents-professeurs s'enchaînent après les cours. Les professeurs repartent en petits groupes – aucun n'aime traverser seul le quartier, même à 19 heures. Je vois trois enseignantes partir, en direction du métro. Deux nouvelles arrivantes, et une professeure qui est là depuis quatre ans. En cette fin d'été, elles sont en jupe. Elles emprunteront d'abord la rue de Versailles et ses immeubles défraîchis de six étages hérités de l'habitat social des années 1950. Bifurqueront à droite sur la rue Hoche, non moins défraîchie, typique du Vieux Marseille avec ses maisons de trois étages, façades ocre ou grises, volets en bois gondolé, certains portant le lointain souvenir d'un bleu provençal autrefois éclatant, petits commerces en rez-de-chaussée – des bars, un garage –, bourdonnement des moteurs de climatisations hors d'âge, linge étendu aux fenêtres, quelques immeubles murés… À hauteur des pompes funèbres musulmanes – « Assurances décès, inhumation, rapatriement » –, elles prendront à droite l'avenue Roger-Salengro, qui déjà s'embourgeoise et où les boutiques de matériel médical signalent la proximité de l'hôpital européen de Marseille. La pharmacie Massilia annonce un dernier crochet à gauche, rue Désirée-Clary. Entrée des urgences de l'hôpital. Autre boutique de pompes funèbres musulmanes – « Rapatriement de corps vers le pays d'origine, inhumation locale ». Métro Clary. Retour à la civilisation. Le trajet dure cinq minutes. Sept en flânant mais personne ne flâne.

Quelques minutes après le départ de ces trois enseignants, le gardien me hèle dans la cour, où je discute avec le gestionnaire du collège, le conseiller d'éducation et deux pères d'élèves. « Monsieur le Principal ! On a trois profs qui se sont fait agresser sur le chemin du métro ! Elles sont réfugiées à la pharmacie près de la station. » Nous partons, tous ensemble. La police est déjà sur place. Nos trois enseignantes sont en état de choc. L'une d'entre elles nous raconte :

« On passait devant un snack, tranquillement, quand on a été bombardées de canettes de Coca, pleines, aux cris de "putes ! salopes !".

— Vous avez vu vos agresseurs ?

— Oui. Des jeunes.

— Du collège ?

— Je ne crois pas. »

Je sens immédiatement que c'est grave. Je le mesure aussi à la solidarité des parents d'élèves. Je remonte au collège, préviens le rectorat et appelle aussi le policier dit « référent », qui nous a été désigné pour jouer le rôle d'intermédiaire entre le collège et les forces de l'ordre.

Dès le lendemain à 7 h 30, je me rends en salle des professeurs pour parler de l'incident. Une demi-douzaine d'enseignants sont déjà là, dont les leaders syndicaux. Je comprends qu'ils sont déjà au courant et que le téléphone a fonctionné entre eux pendant toute la soirée. Ils m'annoncent qu'ils vont cesser le travail et exercer leur « droit de retrait ». Il s'agit d'une disposition légale qui permet à des salariés d'arrêter de travailler sans avoir besoin de recourir à la grève, lorsqu'ils estiment que leur vie peut être menacée. Initialement prévue pour protéger de dangers physiques – un grutier ou un couvreur victimes de patrons abusifs qui prétendent les faire travailler par temps de grand vent par exemple –, cette loi est de plus en plus souvent invoquée par des enseignants confrontés à la violence.

Nous regroupons les 700 élèves dans la cour. Ambiance électrique. J'alerte le rectorat. Mon correspondant du commissariat arrive avec des collègues. Nous improvisons une réunion avec lui, quelques responsables académiques et les enseignants quand le policier qui garde le véhicule devant l'entrée arrive : trois élèves viennent de se présenter en larmes à la grille après s'être fait conspuer, devant le même snack. Elles aussi sont en jupe. Elles aussi ont encaissé les « putes » et les « salopes » haineux lancés par des jeunes. Le temps que les policiers arrivent au snack, les jeunes en question avaient filé.

La chèvre

La police décide d'organiser la protection des enseignants à la sortie du collège. Une voiture de la BAC (brigade anti-criminalité) va effectuer des allers-retours sur le trajet qui mène du collège au métro. Les enseignants sont suffisamment rassurés pour reprendre les cours. Ironie de la situation, le fait que des élèves aient également été prises à partie pèse : cela prouve bien que le corps professoral n'est pas visé en tant que tel. Nous sommes face à un problème d'une autre nature.

Dans l'intervalle, une des trois professeures agressées la veille pense avoir reconnu sur les trombinoscopes des années précédentes un de nos anciens élèves. J'informe la police. Elle propose qu'un policier se fasse passer pour un enseignant, afin de démasquer les fauteurs de trouble. Il accompagnera les enseignantes sur le chemin du métro. Encore faut-il pour cela qu'une professeure accepte de jouer le rôle de la « chèvre » et de revenir au collège en jupe. L'une des enseignantes agressées, celle qui était au collège depuis quatre ans, accepte.

Pour masquer l'identité de notre professeur infiltré, nous faisons circuler dans le collège et, espérons-nous, dans le quartier, le bruit qu'un nouveau professeur stagiaire a été nommé dans l'établissement. Deux jours suffisent pour que le piège se referme, face au même snack. Pas de jets de canettes cette fois, mais toujours les insultes.

Cette fois l'enseignante n'a plus de doute : c'est bien un ancien du collège qui mène la danse. Le policier « déguisé » en enseignant a tout vu. Nous tenons notre flagrant délit. Dès le lendemain à 7 heures, leur agresseur est arrêté et placé en garde à vue. Nous nous félicitons de cette affaire rondement menée : moins d'une semaine s'est écoulée entre la première agression et l'arrestation.

Mais les heures passent et le parquet demeure silencieux. S'il ne se manifeste pas au terme des quarante-huit heures légales, la garde à vue sera levée, et notre jeune homme sortira libre comme l'air. La victoire promptement conquise peut se transformer en tragique déroute. Le commissaire de police me souffle de contacter le procureur. Je l'appelle.

« Monsieur le Procureur, je représente l'État comme vous. Si vous ne poursuivez pas ce jeune homme, le collège va imploser : les enseignants ne toléreront pas qu'on ne réagisse pas, alors même que le principal suspect a été interpellé. Ce n'est pas une affaire banale.

— Monsieur le Principal, vos états d'âme m'indifèrent totalement. Vous êtes en train de faire pression sur un magistrat, ce qui est parfaitement intolérable.

— Je comprends. À chacun sa responsabilité. La mienne est de vous faire savoir que si vous ne bougez pas, vous aurez demain matin un collège en grève, avec des enseignants fortement mobilisés. J'expliquerai à la presse, notamment à France 3 dont vous appréciez tant les caméras, pourquoi nous en sommes arrivés là. »

Il va sans dire que je me fais raccrocher au nez.

Une demi-heure ne s'est pas écoulée quand mon téléphone portable sonne. « Le recteur veut vous parler. » On me bascule sur son poste : « Monsieur Ravet, je vous rassure : votre jeune sera placé en centre fermé pendant deux mois. Mais de grâce, arrêtez de maltraiter le procureur de la République ! » J'encaisse la remontée de bretelles. Parce que je l'ai bien cherchée. Et parce que mon problème est résolu.

« On n'emboucane pas les minots ! »

Reste à gérer le risque de représailles. La police accepte de maintenir le dispositif de protection des enseignants. Comme si nous étions une puissance occupante, en temps de guerre, et qu'il fallait nous protéger afin de nous permettre de travailler. Dans la France de 2003.

Vendredi soir. Cette semaine folle s'achève. Les élèves sont rentrés chez eux, les enseignants sont partis, la voiture de la BAC a levé le camp. Appel de l'agent d'accueil :

« Quatre jeunes qui traînent dans le quartier demandent à vous rencontrer. Ils sont barbus », me précise-t-elle.

Le quartier voit tout ce qui se passe dans le collège. Je ne peux pas prétexter une absence. Je décide de les recevoir, mais je ne suis pas rassuré. Je préviens la BAC. « Laissez votre téléphone en ligne, on revient sur zone. En cas de pépin, on sera juste à côté pour intervenir. » Les quatre jeunes entrent dans mon bureau. Ils arborent des barbes à connotation religieuse, mais portent l'uniforme local jeans-baskets-sweat-shirt : ce sont des dealers que je croise régulièrement dans les rues alentour. Je les invite à s'asseoir. J'ouvre mon frigo.

« C'est presque l'heure de l'apéritif. J'ai du jus d'orange et du whisky. Je ne sors pas le whisky, n'est-ce pas ? »

Ils me montrent leur barbe.

« Bon. Que voulez-vous ?

— Monsieur Ravet, on ne va pas se raconter d'histoires : vous savez ce qu'on fait…

— Oui. Vous vendez de la dope.

— Voilà. C'est notre métier. On en vit. Et à cause de vous, on ne peut plus travailler.

— À cause de moi ?

— Depuis une semaine, on a la BAC sur le dos, toute la journée.

— Et comment voulez-vous que je fasse ?

— Demandez-leur de partir !

— Vous savez pourquoi ils sont là ?

— On croit le savoir.

— Imaginez que je dise à l'un d'entre vous que sa sœur est une pute et une salope, vous me casseriez la figure. »

Ils ne contestent pas. Je poursuis.

« Eh bien, moi, mes enseignantes se font traiter de putes et de salopes. Mais ni moi ni le système ne pouvons mettre notre poing dans la figure de ceux qui les insultent. Le coup de poing dans la figure, c'est de faire venir la BAC pour les protéger. »

S'ensuit une conversation sur le thème du respect. Le climat est presque sympathique. Je n'ai plus peur du tout. J'ose :

« Il y a un truc que je ne saisis pas. Vous êtes croyants, pratiquants, et vous vendez de la merde qui tue ?

— Est-ce qu'on en vend à vos élèves ?

— Pas à ma connaissance.

— Et vous avez raison. On n'emboucane pas les minots.

— Mais les autres ? Il en dit quoi, l'imam, que vous vendiez de la drogue ?

— On n'a pas de comptes à rendre à l'imam. C'est pas comme un curé, monsieur Ravet, on se confesse pas.

— Mais le Coran ? Il n'incite pas à faire du mal…

— Non. Mais les consommateurs, ils ne sont pas musulmans. Si la drogue tue, elle ne tue que des mécréants. Ce n'est pas contraire à la religion. »

Je manque tomber de ma chaise. Ils viennent, placidement, de m'expliquer que vendre de la drogue s'apparente, pour eux, à une forme de djihad.

Je les raccompagne à la porte en promettant de voir ce que je peux faire avec la BAC si la situation se calme – en fait, je sais que le dispositif de protection sera levé d'ici huit jours tout au plus… Ils m'invitent à ne pas m'en faire :

« On a bien compris, monsieur Ravet. Il n'arrivera plus rien à vos profs. On va les protéger, nous. »

Nous nous saluons, courtoisement. Une semaine plus tard la BAC lève sa surveillance. Les enseignants n'auront plus de souci aux alentours du collège. Si j'avais besoin de savoir qui tenait réellement, sur la durée, le territoire du quartier, j'avais ma réponse.

Cantine et ramadan

Je comprends aussi que deux sphères que je croyais étanches – la drogue et la religion – ne le sont pas tant que cela.

« L'affaire des jupes », comme nous la rebaptiserons rapidement au collège, coïncide avec les progrès exponentiels de la religion dans le quartier. Je la constate alors à partir d'un poste d'observation imparable : la cantine.

Elle se situe à l'exact point d'intersection entre ma fonction de directeur d'ONG pédagogique et cette fonction que je devine alors sans me la formuler – imam de la République. Comme dans n'importe quel camp de réfugiés, une des fonctions premières de l'ONG est de nourrir. Apporter le sac de riz, comme les premiers « *french doctors* » de Médecins sans frontières le faisaient dans le Biafra de la fin des années 1960. Sauf que nos sacs de riz à nous peuvent comporter de la nourriture considérée comme impropre à la consommation par les musulmans pratiquants.

Ici encore, je ne crois guère aux postures théoriques. Car j'ai vite compris que le repas de midi serait, pour un certain nombre d'élèves, le seul de la journée. Comment tenir, coûte que coûte, une position conforme au principe de laïcité et, en même temps, remplir le ventre de celles et ceux qui refusaient de manger de la viande ? Je l'avoue : nous composions nos menus en fonction de cette contrainte.

Il était hors de question de proposer de la viande issue d'animaux abattus selon des règles religieuses. Lorsque nous servions de la viande, nous prévoyions donc des œufs, du poisson, un deuxième légume ou des féculents… De quoi se composer une assiette nourrissante, qui n'allait pas finir à la poubelle – dans une cantine, on voit très vite ce qui passe et ce qui ne passe pas. Nous avions également détaillé la présentation des plats. Pas question de proposer des saucisses sans préciser qu'elles étaient constituées de volailles, ni de laisser planer le doute sur le fait que tel plat en sauce ne cachait pas un sauté de porc. Marginal en 2000, lorsque j'ai pris mon premier poste dans les quartiers nord, le refus de manger de la viande qui n'était pas halal était devenu la norme en 2013, lorsque j'ai quitté le collège Izzo.

De même que la pratique du ramadan. En 2000, j'estime que la moitié des élèves le respectaient. En 2013, nous en étions à 90 % ou 95 %. Et, bien sûr, à ce niveau de pratique, les familles s'estiment en droit de demander à l'institution de s'adapter. Dès ma deuxième rentrée à Izzo, je fais face, en conseil d'administration, à une fronde des associations de parents d'élèves.

« Quand on va à l'hôpital, on nous sert des repas halal. On ne comprend pas pourquoi c'est impossible au collège. »

J'explique. Le principe de laïcité. Le fait que si on devait prévoir des plateaux halal, il faudrait aussi prévoir des plateaux casher, et du poisson tous les vendredis. Les obstacles pratiques – l'hôpital passe par une société de restauration, nous cuisinons nos repas sur place. Les tensions générées par l'affichage, par chaque élève, de ses choix… Au collège Versailles, j'avais déjà dû gérer des affrontements entre élèves mais aussi avec des enseignants. Une de mes professeurs, issue de l'immigration, continuait à aller à la cantine pendant le ramadan. Les élèves la harcelaient. « Vous êtes comme nous ? Et vous mangez ? Qu'est-ce que ça veut dire ? » J'avais fini par trouver une solution : les familles pouvaient demander à suspendre la demi-pension pendant cette période. Les élèves qui respectaient le rituel sortaient à la pause. Je pouvais, légalement, déduire le prix des repas. Et la vingtaine d'élèves qui ne jeûnaient pas pouvaient se restaurer sans être ennuyés.

Dans ces collèges de quartier, tout est affaire de continuité et de discontinuité. Continuité sociale et humaine : le quartier importe ses états d'âme et ses souffrances. Discontinuité légale et politique : le collège doit tenir ferme ses positions d'institution républicaine – la laïcité, le refus de l'économie parallèle, le combat contre les atteintes aux personnes quelles qu'en soient la nature et les motifs. Je ne crois ni au collège « sanctuaire », qui se prétendrait étanche à la pulsation urbaine, ni au collège ouvert à tous les vents qui tente d'acheter la paix sociale en en rabattant sur ses principes. Ces limites sont extrêmement ténues.

Prière des morts

Nous avions, au collège Izzo, un élève de cinquième que nous étions quelques-uns à surnommer le Petit

Prince. Il se prénommait Wael. Brillant élève d'origine comorienne inscrit en classe européenne, il parvenait, grâce à son sens de l'humour, à ne pas se faire traiter de fayot par ses camarades. Un côté comédien, qu'il cultivait au club théâtre. Une grâce dans la gestuelle comme ce jour de fête où, costume blanc impeccable, il avait dansé le milord de la chanson éponyme d'Édith Piaf, interprétée par une professeure d'anglais qui chantait magnifiquement. Devant les copains, il préférait se lancer dans des imitations des chorégraphies de Michael Jackson. Élèves, enseignants, personnels d'éducation, tout le monde aimait Wael.

Cette année-là nous avions organisé un jumelage avec un établissement marocain de Marrakech. Un établissement public, ancienne école primaire française avant l'indépendance, situé à dix minutes du luxuriant et précieux jardin Majorelle, dans le quartier de Gueliz. Le voyage se déroule à merveille et, au retour, les parents d'élèves organisent un dîner pour remercier les enseignants qui se sont impliqués dans le jumelage. Tous mesurent qu'ils en ont fait bien plus que ce que l'Éducation nationale attend d'eux, allant jusqu'à prendre sur une partie de leurs congés – le voyage mordait sur les vacances de Pâques. Je suis convié, avec mon épouse, et le hasard nous place à côté de la famille de Wael. Ses deux petits frère et sœur, accompagnés de leur mère, femme aussi élégante que son fils et que je connais mal, et pour cause : Wael étant un excellent élève, je ne l'ai jamais convoquée ! Elle est tout ennuyée.

« Monsieur le Principal, je sais que l'année n'est pas terminée, mais on va devoir partir aux Comores avant la fin. Sinon les billets sont trop chers. »

Je la rassure.

« Wael peut manquer trois jours de cours. De plus, c'est la période du brevet, le collège fonctionnera au ralenti. Ne vous en faites pas. »

30 juin 2009. Je surveille, dans le hall du collège, l'arrivée des premiers élèves venus passer le brevet. Mon épouse m'appelle. « Un avion pour les Comores s'est écrasé. J'espère que Wael n'était pas à bord. » Je chasse ce mauvais présage et me concentre sur le travail. Une élève de troisième se dirige vers moi.

« Je suis une cousine de la famille de Wael. On est très inquiets parce que théoriquement c'est l'avion qu'il devait prendre. »

Cette fois, impossible de faire abstraction. D'autant que la rumeur enfle dans le collège. Un graffiti « *Wael, on t'aime !* » apparaît sur un des murs donnant dans le préau. J'interroge deux surveillants d'origine comorienne. Ils se veulent rassurants.

« Ne vous en faites pas, monsieur Ravet. On voit bien que vous n'êtes jamais allé aux Comores. On fait escale à Sanaa, au Yémen, puis à Djibouti. C'est un bordel inénarrable. À Sanaa, on change d'avion. Une fois sur deux, on patiente douze heures parce que l'avion prévu n'est pas le bon, ou que le bon est déjà parti. Ne vous faites pas de souci. »

Ils ont beau dire, je suis incapable de me concentrer. Je vais dans mon bureau, branche la radio, me connecte sur Internet, trouve le numéro d'urgence ouvert par le ministère des Affaires étrangères, appelle, explique qui je suis, laisse mes coordonnées, entends le rituel « on vous rappelle, monsieur ». De guerre lasse, je me rends à l'évidence : quoi qu'il soit arrivé, je ne peux rien faire de plus.

La journée d'examen se traîne en longueur. Je tente de me raccrocher à la perspective de la belle soirée qui m'attend : mon épouse a invité 150 instituteurs avec lesquels elle a travaillé en tant que conseillère pédagogique en éducation musicale pour une grande fête musicale à l'occasion de son départ à la retraite. Nous allons célébrer cela dans la cour du collège. Certains enseignants de l'établissement sont également invités.

18 h 30, appel qui provient de la loge du gardien. « Le ministère des Affaires étrangères vous cherche. » Je cours dans mon bureau. Pour apprendre que Wael, ses frère et sœur et sa mère étaient dans l'avion et font partie des 153 victimes de ce vol fatal. Un accident écrit d'avance, apprendrai-je, tant les conditions de sécurité étaient médiocres sur cette ligne. « Ce sont des avions qui ne répondent pas aux normes internationales. Yemenia était la moins chère de toutes les "compagnies poubelles" et avait un quasi-monopole sur

cette destination. Les voyages se font dans de mauvaises conditions [...], il n'y a pas de ceinture, les toilettes sont bouchées, les coffres à bagages se détachent. Il n'y a absolument aucune condition de sécurité à bord », expliquera dans les jours suivants Farid Soilihi, le président de l'association SOS-Voyages aux Comores.

Je m'effondre, pendant que la cour s'emplit du frémissement de la fête qui s'annonce. Je décide de ne pas la gâcher. Le mal est fait, et la douleur sera bien assez intense dans quelques heures. À la fin de la soirée, je prends à part mon épouse et les quelques professeurs invités.

« Ce qu'on craignait est arrivé... »

Je n'ai pas besoin d'en dire plus.

Quatre jours plus tard, nous transformons la kermesse de fin d'année en cérémonie d'hommage, avec les écoles primaires où étaient scolarisés les frère et sœur de Wael. Chacun est censé venir avec une rose blanche, mais j'ai envoyé quelqu'un chez le fleuriste pour acheter quelques brassées supplémentaires, pour ceux qui auront oublié. Inutilement : aucun n'a oublié.

Nous disons des textes. La sobriété et la dignité du moment sont à l'unisson de celles de la famille de Wael. J'ai fait poser une plaque de Plexiglas pour protéger le « *Wael, on t'aime !* » graffé dans le préau. Entre-temps, un cœur a été ajouté. Toutes les familles sont là. Même les pères, que je ne vois jamais. Même les vieilles dames corses du quartier, qui n'ont pas de lien avec le collège. Tous les élèves. Tous les personnels. La maire de l'arrondissement. Et je pense n'être pas le seul à être submergé par la vague d'amour que les gamins portaient à notre Petit Prince.

À la rentrée, l'émotion est entière. Les surveillants comoriens viennent me voir.

« Monsieur le Principal, la cérémonie en juillet, c'était formidable, mais c'est fini. Il faudrait quelque chose qui dure. Un hommage qui reste. Qui s'inscrive dans l'histoire du collège. »

Nous baptiserons notre amphithéâtre du nom de Wael.

La vie reprend son cours et ses droits. Mais je vois approcher avec anxiété un moment qui va réactiver le souvenir : la venue à Marseille des élèves du collège EnNakhil qui nous avaient accueillis au printemps précédent. Nous avions été accueillis comme des princes. Les parents d'élèves avaient organisé une cérémonie pour laquelle, faute de financements publics, ils avaient sollicité banques et commerçants. Un buffet immense. Une décoration digne des plus grands traiteurs. Des gâteaux faits maison tous aussi appétissants et succulents. Tout le monde sur son trente-et-un. Une kyrielle de discours officiels qui n'en finissaient pas mais disaient aussi l'importance du moment pour nos hôtes. Et un Wael rayonnant, qui s'était attiré la sympathie des élèves et des parents.

Nous avions donc informé nos collègues marocains de ce qui était arrivé et prévu un temps de recueillement sous le préau, face au graffiti. Je lis un petit texte. Puis le directeur du collège EnNakhil s'approche de moi.

« Cher collègue, j'aimerais que nous disions la prière des morts pour Wael. »

Je m'apprête, par réflexe, à m'indigner : « Nous sommes dans un collège public ! Et le principe de laïcité ? » Mais je connais cette prière, très belle, totalement universelle. Et je ne vais pas donner un cours de laïcité express à mon collègue marocain, qui dirige un établissement certes public mais dans un pays où il y a une religion d'État. Après tout, je n'ai pas demandé à l'enseignante marocaine et à ses deux élèves voilées de renoncer à leur tenue. Pas plus que je n'ai eu de scrupules à prévoir un temps libre dans l'emploi du temps du vendredi après-midi afin qu'on puisse faire la prière.

Je m'entends acquiescer et me vois me tourner vers un de mes élèves bilingues, un ami de Wael : « Tu veux bien traduire ? » Sa voix s'élève sous le préau. Son timbre a changé. C'est celui d'une voix adulte.

« Ô Seigneur ! Pardonne à nos vivants et à nos morts, à ceux qui sont présents et à ceux qui sont absents, les petits comme les grands, les hommes comme les femmes… »

Nous pleurons tous. Lui continue, imperturbable dans son recueillement, à traduire.

Ruser, en permanence. Bricoler des solutions pour tenir la mission – faire respecter la laïcité – tout en tenant compte du réel. Négocier des solutions de bric et de broc, sans autre soutien que celui des équipes, à mille lieues du mode d'emploi officiel que nous a légué l'institution pendant notre formation.

Il est là, le cœur de cette vision du collège comme d'une organisation non gouvernementale. Dans cette distorsion permanente, usante, épuisante, entre le droit commun et la réalité, entre le fonctionnement réputé normal d'un établissement et ce que nous gérons au quotidien, dans une immense solitude.

Nous sommes préparés à assurer les meilleures conditions de transmission du savoir tout en gérant quelques problèmes connexes. Dans des collèges comme ceux que j'ai dirigés, ces problèmes connexes envahissent chaque interstice de l'emploi du temps et deviennent le cœur du métier. La périphérie de la mission dévore le centre. L'objectif fondamental du système est étouffé, dilué. Et l'urgence est telle qu'on l'intègre. Quand de jeunes enseignants venaient me voir pour se plaindre de n'avoir délivré que quinze minutes de cours « utile » sur les cinquante-cinq minutes que compte une séance, j'étais tenté de leur répondre : « Quinze minutes ? Mais c'est déjà pas mal ! »

Contre toute attente, l'institution s'accommode parfaitement de cette situation. En 2004, le rectorat avait ainsi organisé des groupes de travail afin d'analyser ce qui se passait effectivement dans les collèges. L'un d'entre eux était venu au collège Versailles pour mener des entretiens, essentiellement avec les professeurs. Sa conclusion : *« Sur 22 entretiens, l'enseignement proprement dit et la réflexion qui le nourrit ne semblent pas constituer un enjeu immédiat et prioritaire. Les préoccupations étant essentiellement tournées vers la question de l'autorité. Là encore, le doute et le découragement individuels l'emportent sur l'ambition et l'implication collective. On ne se projette guère au-delà de l'urgence de l'autorité et de l'état actuel des enseignements au collège. »* Et c'est tout. L'institution constate. L'institution déplore. Et se garde bien de dire comment résoudre le problème.

Pourtant, elle vise juste en soulignant « l'urgence de l'autorité ». C'est mon sujet principal. La survie passe par l'affichage d'une autorité juste et bienveillante. Cela exige, en amont, un travail considérable, afin que chacun, dans le collège, travaille sur la même échelle de valeurs. Ne jamais laisser la place au sentiment d'injustice. Le premier réflexe d'un élève sanctionné sera de nous attaquer sur ce terrain. « C'est injuste. » Il faut pouvoir tenir, résolument, être en capacité de lui prouver qu'il n'y a aucune injustice, que chacun est traité de la même manière. Ces élèves sont persuadés que l'institution ne les aime pas. On ne les extrait pas de ce registre en prétendant les « aimer » mais en leur adressant des signaux forts, constants, prouvant qu'on s'occupe d'eux et qu'on les respecte.

Silence radio au rectorat

Ce travail, je l'aurai mené, pour l'essentiel, avec le Conseil général, avec les associations, avec la police. L'Éducation nationale, je lui envoyais des fax, qu'elle entassait dans je ne sais quelle armoire. Tant qu'elle prévoit le nombre d'heures de cours, d'enseignants ou de surveillants requis par les textes, elle considère qu'elle peut dormir tranquille. Elle se vit comme irréprochable. Voici votre partition, voici vos instruments, débrouillez-vous. Mes enseignants ne sont pas volontaires ? Pas son problème. Ils débarquent totalement inexpérimentés ? Pas son problème. Certains se révèlent en situation de souffrance voire de détresse ? Même réponse. À moi de gérer, localement, au jour le jour.

C'est une des raisons pour lesquelles beaucoup de chefs d'établissement et d'enseignants se méfient dès qu'un politique affirme que les problèmes de l'école seront résolus le jour où les établissements seront autonomes. Car ils le sont déjà, dans une large mesure, notamment en ZEP, où nous bénéficions de moyens généreux et, en tout cas chez moi, de l'appui rarement démenti du Conseil général. Lorsque j'ai voulu monter des projets, les obstacles n'ont quasiment jamais été d'ordre matériel. Mais nous connaissons tous le message que porte cette autonomie du point de vue des rectorats : « Débrouille-toi » – et je l'écris ici poliment.

L'un des – nombreux – drames de notre système tient à l'irresponsabilité des syndicats enseignants qui, des décennies durant, ont résumé nos besoins en termes de moyens. Cercle vicieux délétère… Que ces moyens manquent et les enseignants en prendront prétexte pour refuser de travailler autrement quand il le faut. Que ces moyens existent et le rectorat considérera qu'il n'a pas à se poser de questions – après tout, il a fait son travail. Ses propres inspecteurs peuvent constater et écrire, comme en 2004, que le travail de maintien de l'ordre n'est pas seulement accompli par ceux qui en ont la charge – CPE et surveillants – mais pèse lourdement sur les enseignants, le système n'en tire aucune conclusion. Alors même – et c'est au fond ce qu'il écrit noir sur blanc dans ce compte rendu – que cela vide de sens le métier même d'enseignant.

Mais les enseignants de ZEP, l'institution s'en préoccupe peu. Indice de ce désintérêt – je n'ose écrire de ce mépris : au lieu de leur envoyer des inspecteurs en titre, elle leur adresse de simples chargés de mission. Il me faudra attendre mes dernières années de carrière dans un collège huppé pour voir débarquer de vrais inspecteurs en titre.

En ZEP, je mettais les bouchées doubles pour compenser. Au mépris de l'usage qui impose aux principaux de n'augmenter que modérément les notes administratives des professeurs, je n'hésitais pas à demander des augmentations exceptionnelles pour les enseignants qui s'impliquaient dans les projets que nous mettions en place. Pour une augmentation supérieure à 0,5 point, il faut rédiger un rapport circonstancié de plusieurs pages. J'y ai passé quelques soirées. Cela ne fonctionne pas à tous les coups – l'institution ne déteste rien tant que les têtes qui dépassent –, mais j'estimais leur devoir ce petit geste. A contrario, je ne demandais pas de baisses de notes, même pour ceux qui traînaient des pieds, considérant que le simple fait de venir, chaque jour, enseigner dans des collèges comme ceux que je dirigeais constituait un effort digne de respect. Seules exceptions : les cas d'alcoolisme, que je signalais systématiquement.

Cette notation administrative constitue le premier levier dont dispose un chef d'établissement pour motiver les enseignants. Le second, plus puissant, c'est la maîtrise de l'emploi du temps. Un « bon » emploi du temps enchantera la vie d'un professeur, un « mauvais » peut la lui pourrir – mieux vaut éviter ! À Versailles et à Izzo, j'avais ainsi sanctuarisé une heure par semaine, le mardi, de 11 heures à 12 heures. Les syndicats avaient accepté d'organiser leurs réunions dans ce créneau, ce qui les arrangeait – les réunions de début ou de fin de journée sont moins fréquentées. Quant à moi, je pouvais à loisir réunir les professeurs et espérer leur présence. Cela marchait : 70 % à 80 % d'entre eux, en moyenne, répondaient à l'appel.

Plus un collège est difficile, plus les enseignants ont conscience que le salut passe par le collectif et par le travail d'équipe. À défaut d'avoir le droit de l'imposer, je pouvais créer les conditions qui le favorisent. C'est dans ce cadre que leur solidarité professionnelle a pu s'exercer. Sans que je le commande, ils ont ainsi mis en place des dispositifs pour contrer un des grands jeux des élèves qui consiste à se faire exclure volontairement pour se retrouver dans le bureau du CPE et ne pas travailler. Certains s'y donnaient même rendez-vous ! Les professeurs ont ainsi organisé un système « d'échange » d'élèves perturbateurs. Ceux qui étaient exclus étaient envoyés dans la classe d'un collègue. Pour travailler. Les exclusions ont rapidement diminué. Aucun chef d'établissement n'a le pouvoir de mettre en place un tel système. Il a celui, au moins, d'organiser les conditions matérielles qui permettent aux élèves et aux enseignants de se rencontrer et de travailler ensemble.

Le fonctionnement de l'Éducation nationale répond aux mêmes règles que le jeu de tarot : plus vous avez de bons atouts en main au début de la partie, moins vous aurez d'efforts à accomplir. En revanche, si votre main est médiocre, vous ne recevrez aucune aide. Cela vaut pour les élèves comme pour les enseignants, les établissements, les personnels d'encadrement… Ce système, techniquement, ne prévoit pas l'échec. Il n'a pas été conçu, pensé, organisé pour l'affronter – la première étape consistant, humblement, à en prendre acte, à admettre que l'on a pu avoir tort. Et il prévoit que cette réussite procède de moyens qui produiront partout les mêmes effets, quelles que soient les personnes qui les mettent en œuvre. Tant que les tableaux Excel affichent les bons chiffres dans les bonnes cases, tant que les grandes masses sont gérées, on vous laisse vous débrouiller.

Je continuais donc, inlassablement, à envoyer des fax.

Le rectorat continuait, tout aussi inlassablement, à n'y point répondre.

Garçons-filles, la fracture

Le ministère de l'Intérieur, contre toute attente, était plus à l'écoute. À tel point qu'à partir de 2005, lorsqu'on m'interroge sur le rapport garçons-filles, je réponds par cette pirouette : « Le rapport garçons-filles ? Laissez-moi regarder… Oui, je l'ai. Il a été fait par la police ! » À la fin du printemps de cette année, je reçois en effet une demande du sous-préfet chargé de la politique de la ville. Il souhaite que mon collège accueille trois inspecteurs généraux du ministère de l'Intérieur. Leur mission : évaluer l'incidence de la montée des communautarismes sur les relations garçons-filles et les problèmes de mixité. J'accepte instantanément. De tous les terrains que vient grignoter la religion, celui de l'égalité entre garçons et filles m'apparaît encore comme le moins mouvant : il est encadré par des lois, renvoie directement à la notion d'exercice de la citoyenneté.

En amont de cette visite, je demande aux enseignants et aux personnels d'éducation de me décrire les situations concrètes auxquelles ils sont confrontés. Les réponses sont terribles. Garçons et filles se mélangent-ils en cours de sport ? « Très peu. » La mixité sportive est qualifiée de « difficile », les problèmes pour se montrer en maillot apparaissent désormais dès la classe de cinquième. Pensez-vous que les trois dernières années les relations garçons-filles se sont dégradées au quotidien dans leurs relations hors des cours ? « Oui. » Les personnels précisent : « Activités sportives distinctes, sorties distinctes, très rares relations amoureuses, voire amicales. » Dans la pratique de votre classe, avez-vous ressenti cette dégradation ? « Oui. » Une professeure d'espagnol indique : « On assiste à la formation de clans où il est de bon ton de ne pas se mélanger. Le désir me semble-t-il vient davantage de la part des garçons. Les garçons ne s'assoient pas à côté des filles et sont un peu moqueurs. Au cours de diverses discussions, il est très nettement ressorti que les garçons trouvent normal de prendre part à l'éducation de leurs sœurs, de vouloir se marier avec une jeune fille chaste, tandis qu'eux-mêmes ne consentent pas au même sacrifice. Certains élèves que j'ai eus avaient du mal à accepter les remarques d'un professeur femme. » Une professeure de musique abonde dans le même sens – une enseignante formidable, Denise Daleste, qui avait créé un orchestre au collège : « Les filles sont de plus en plus vulgaires entre elles et surtout encore plus vis-à-vis des garçons ; elles tiennent des propos insupportables. Les filles se permettent d'écrire des mots entre elles sur les garçons, invraisemblables, inacceptables pour des élèves de 13-15 ans. J'ai constaté une dégradation de leur langage au quotidien en dix ans, après 1995 où je suis arrivée au collège Versailles. » Un professeur d'histoire-géographie : « Certains élèves estiment que le traitement cruel des femmes dans certains pays est normal si c'est leur religion. Mépris des garçons pour les filles, influencés par certaines radios et télés du Moyen-Orient, style al-Jazira. Les filles elles-mêmes semblent de plus en plus conditionnées. » Une professeure, également d'histoire-géographie : « Problèmes constatés surtout en éducation civique, notamment en cinquième, au moment de l'étude des discriminations. Il est courant d'entendre que les filles doivent rester à la maison pour faire le ménage. Au quotidien, des insultes sexistes, des garçons envers les filles. Exemple : "bandeuses". Des gestes déplacés, des remarques sur l'habillement des jeunes filles. » Une professeure d'anglais, qui faisait partie des professeures agressées verbalement sur le trajet entre le collège et le métro ajoute : « Insultes particulièrement, jugement péremptoire de la part des garçons sur les habitudes vestimentaires des filles. Séparation physique, garçons d'un côté, filles de l'autre. Très peu d'échanges verbaux. Gestes déplacés. Un élève s'est exprimé une fois en ces termes : "Je vous parlerai comme j'ai envie de vous parler. Vous n'êtes qu'une femme." Un parent d'élève a refusé de me serrer la main parce que j'étais une femme. Certains ont même lancé, après mon agression : "Ça ne serait pas arrivé si elle avait été voilée." »

« *Monsieur, pourriez-vous me regarder en face ?* »

Si l'on m'avait annoncé, lorsque j'ai embrassé la carrière de chef d'établissement, que des problèmes aussi névralgiques appelleraient l'attention de la police plus que celle de l'Éducation nationale, j'en serais tombé de ma chaise. D'autant qu'au cours de ces années, la montée du fait religieux intensifie encore ces tensions et pose des problèmes quotidiens dans l'exercice des missions professionnelles.

Nous avions à l'époque, en troisième, un élève qui poussait à bout tous les enseignants. Beau gosse, plutôt bon élève, mais absolument insupportable. La conseillère principale d'éducation, épuisée de multiplier les vains rappels à l'ordre, convoque la famille. Le père répond, et demande ma présence à l'entretien. Je ne vois pas venir la suite et accepte, de bonne foi. Le jour venu, je vois arriver trois personnes : l'élève, son grand frère, et leur père, vêtu d'une djellaba. Je m'étonne de la présence de son fils aîné. Il bredouille, avec un accent à couper au couteau, qu'il ne comprend pas bien le français, que son aîné va traduire. Petit à petit, je me rends à l'évidence : quand la conseillère d'éducation lui parle, il fixe ses chaussures ; pour répondre, il se tourne vers son aîné. Évidemment, ce petit manège n'a pas échappé à ma CPE, que je sens de plus en plus heurtée par cette attitude. Elle finit, froidement, par lui demander : « Monsieur, pourriez-vous me regarder en face ? » Sans effet. Ses yeux restent résolument fixés sur ses chaussures. Il ne regardera pas une femme.

Ce père, je l'ai retrouvé quelques jours plus tard, à la fin du ramadan, à l'issue de la grande prière qui se déroule au parc Chanot et à laquelle se pressent le ban et l'arrière-ban des politiques marseillais. France 3, comme chaque année, couvre cet événement de la vie locale. Parole est donnée à un imam : c'est le père de mon élève. Qui, pour l'occasion, comprend très bien les questions du journaliste. Et y répond dans un français tout à fait correct.

Je reste, sidéré, devant mon écran de télévision, conscient de l'énormité de ce qui est en train de se jouer dans l'indifférence absolue des autorités de tutelle : une tentative de prise de pouvoir, insidieuse, du religieux à l'intérieur du collège. Non seulement les règles de base de l'égalité entre garçons et filles sont quotidiennement bafouées, mais l'autorité même que confère l'exercice d'une mission de service public est niée. Nous sommes entrés dans un système où le territoire du collège est en train d'être conquis par les règles et valeurs en vigueur sur le territoire alentour, à mesure que je vois fleurir les nouvelles mosquées dans le quartier, souvent dans d'anciens magasins qui viennent de fermer.

Ce tournant, j'ai tenté de le dire. Mais pouvais-je, alors, être entendu ? À l'époque, le grand public n'est pas familier des menaces portées par le salafisme ou par les Frères musulmans. On ne sait pas non plus sur quel pied danser face au mouvement tabligh, qui se présente comme un groupe de prédication prêchant pour un islam piétiste, rigoureux mais, officiellement, pacifique. Et surtout : comment alerter sans alimenter le discours anti-musulman, sans nourrir le terreau de l'extrémisme de droite qui, à Marseille, représente déjà 20 % des voix aux élections régionales et où Jean-Marie Le Pen est arrivé nettement en tête du premier tour lors de l'élection présidentielle de 2002 ?

Gaz sarin

Nous sommes seuls. Seuls à encaisser l'irruption du religieux dans la sphère publique. Seuls à tenter d'en détecter les signes annonciateurs. Seuls à devoir bidouiller des réponses au quotidien. Seuls à essayer de comprendre pourquoi, à l'époque, les quartiers nord semblent encore immunisés contre le péril intégriste, tandis que ce quartier ghetto du centre de Marseille est déjà au cœur de la dynamique de réislamisation engagée par les radicaux. Hormis les Renseignements généraux, l'État nous laisse nous débrouiller et joue la politique de l'autruche. Il fait de même avec les hôpitaux et certaines autres administrations, également confrontés à ce phénomène. Nous avons du gaz sarin face à nous et nous ne le savons pas. D'autant que les politiques locaux s'entêtent à jouer avec le feu. Comment lutter, comment alerter seulement, quand le maire de Marseille – c'est alors de notoriété publique – va inaugurer une mosquée traditionaliste ?

C'était il y a treize ans. C'était hier. C'était il y a une vie. Nous ne pouvions pas dire, et quand bien même nous l'aurions fait, nous n'aurions pas été entendus.

Alors, une fois encore, j'ai emprunté un chemin de traverse. Par le plus grand des hasards, je me rends souvent en vacances dans un petit village de la Drôme où j'ai pour voisin un inspecteur général : Jean-Pierre Obin. Nous échangeons souvent. Cette année-là, je lui fais part de ce que je vis, de ce que je vois, de ce sentiment de ne plus comprendre le film dont je suis censé être le metteur en scène, de mon désarroi et de ma solitude. Jean-Pierre Obin vient de se voir confier un rapport sur « les signes et manifestations d'appartenance religieuse dans les établissements scolaires » par le Ministère, alors empêtré dans son projet de loi sur le port du voile. Il me demande : « Je peux venir dans ton collège ? » J'accepte immédiatement.

D'autant que je commence à comprendre ce qui se joue autour de cette question du voile. J'arrivais alors des quartiers nord, où la transgression la plus choquante des règles communes consistait, pour quelques élèves, à débarquer au collège en pyjama, robe de chambre et claquettes – je n'exagère pas ! En revanche, nous ne voyions aucune élève avec le voile. En outre, à l'époque, les cas relatés par les médias concernent systématiquement des lycéennes.

Au collège Versailles, je suis au cœur d'un des plus vieux quartiers musulmans de la ville. J'y ai vu arriver en conseil d'administration une maman portant le voile. Je la connais bien. Algérienne d'origine, mère de jumelles excellentes élèves, très impliquée dans l'éducation de ses enfants comme dans la vie des établissements où ils sont scolarisés – élue au conseil d'administration du collège, elle est aussi de toutes les sorties de l'école primaire de son fils. Elle tient presque le rôle de « mère-relais ». Toujours présente pour nous signaler les familles en grande difficulté, pour jouer les interprètes avec celles qui ne maîtrisent pas suffisamment le français.

Je sais par ses filles qu'elle revient d'Algérie, où elle a enterré sa mère. Ce voile se présente sous la forme d'un foulard discret, de couleur claire. Je ne sais pourquoi j'associe les deux faits. Les vieilles veuves corses que je croise dans le quartier portent bien un fichu noir. Je me dis que cette femme, d'une façon ou d'une autre, doit porter le deuil. Deuxième conseil d'administration : le voile est toujours là. Réunion de parents d'élèves suivante aussi. Je me jette à l'eau.

« Pardon pour mon indiscrétion, madame. Vous portez le voile depuis quelques mois. Est-ce en signe de deuil pour votre maman ?

— Non, monsieur le Principal. Je le porte parce que j'en ai assez de me faire embêter dans le quartier. »

Cela m'a immédiatement ouvert les yeux. Tous les signaux qui traversaient mon champ de vision sans affecter ma compréhension des choses se sont mis à clignoter. Et subitement, je les ai vus, ces voiles. Ils étaient devenus la norme dans le quartier. Je les ai vus, ces fichus sur la tête des petites Comoriennes de 6 ans qui, le mercredi après-midi, se rendaient à l'école coranique. Je les ai vus, ces voiles sur les grandes sœurs, lycéennes ou étudiantes, qui venaient attendre mes élèves à la sortie des cours. Le collège n'était pas encore atteint. Mais, déjà, il était cerné.

Le piège du voile

La loi contre le port du voile avait-elle déclenché cette montée en puissance des signes religieux dans les quartiers ? Avait-elle, au contraire, tenté sans succès d'endiguer une vague dont, à l'époque, les Renseignements généraux mesuraient l'ampleur avec bien plus d'acuité que le ministère de l'Éducation nationale ? Je ne le saurai jamais. Tout ce que je sais, c'est que quelque chose a basculé, et que nous sommes peut-être déjà face à un retournement de valeurs irrémédiable.

Je ne me trompais pas. Deux ans plus tard, le voile frappe à la porte du collège. Je suis cette fois au collège Izzo, que nous venons d'ouvrir dans le quartier de La Joliette. La reconquête du territoire par le religieux a encore progressé, sourdement, fruit d'un patient travail en direction des familles et des jeunes. Le matin, lorsque je fais la grille, je vois désormais régulièrement arriver des élèves voilées. La plupart se découvrent avant d'arriver à la porte. Mais certaines tentent de forcer le passage, de retarder au maximum le moment d'enlever leur voile, de pénétrer d'un mètre, de deux mètres, dans l'enceinte du collège. Toujours grignoter du territoire. C'est une bataille pied à pied. Une guerre des tranchées où chaque portion de territoire arrachée compte.

Je la mènerai notamment contre la famille de Djamila, qui entre alors en classe de quatrième. Élève du collège depuis deux ans, elle n'a jusque-là fait aucune difficulté pour ôter son voile à l'approche du sas d'entrée, auquel on accède par des doubles portes – dispositif destiné à empêcher l'entrée du froid dans notre beau collège à « haute qualité environnementale ». Mais cette année-là, l'un des petits frères de Djamila nous a rejoints en sixième, et les enfants se rendent ensemble au collège le matin. Ce n'est plus la même Djamila. Cette fois, elle arrive avec son frère, et ils forcent ensemble la première porte, sans qu'elle se soit découverte. Les surveillants la reprennent. Nous appliquons scrupuleusement la loi et le règlement intérieur, que les élèves et les familles ont signé comme à chaque rentrée. Les couvre-chefs sont interdits. Ceux des contrevenants peuvent être confisqués. « Tu enlèves ton voile et tu présentes ton carnet ! Après tu pourras entrer. »

Tous les matins, le même cinéma se reproduit dans le sas. Djamila tente de forcer la porte son foulard sur la tête, le petit frère fait monter la mayonnaise lorsqu'elle est interceptée par les surveillants qui le lui confisquent. Si bien que chaque matin un nouveau foulard rejoint, dans mon bureau, la caisse des objets confisqués, tandis que le petit frère repart chez lui chercher un autre foulard afin que Djamila, à la fin de la journée, puisse se voiler à la sortie du collège avant de rentrer chez elle. Nous sommes entre le rituel et le comique de répétition, à ceci près que personne ne rit.

Il faut en finir. Je tente de convoquer le père. Personne ne répond au téléphone. J'ai l'habitude. Récupérer des coordonnées fiables est un sport de combat. On nous donne des portables qui, comme par un fait exprès, sont périmés quand nous avons besoin d'utiliser les numéros. Les fixes ne répondent pas, soi-disant parce qu'il a fallu y renoncer faute de moyens… Du classique. Les mots dans le carnet de correspondance restent lettre morte. Je contacte le directeur de l'école primaire où étaient scolarisés les enfants. Il n'est guère optimiste :

« Vous allez voir, c'est très compliqué : le père est un ultra.

— Et la mère ?

— Depuis la conversion du père, nous ne l'avons jamais revue. »

Je prends mon courage à deux mains et, un mercredi après-midi, me rends à l'adresse indiquée par les parents. Je sonne à l'interphone. Aucune réponse. Je m'apprête à repartir en glissant dans la boîte aux lettres le courrier que j'avais préparé pour ce cas de figure quand je croise la famille d'un élève.

« Vous savez quel appartement habite la famille de Djamila ? »

Ils me désignent un balcon. Il est facile à repérer : il a été muré avec un claustra. Je rebrousse chemin et contacte l'assistante sociale.

« Ah ! cette famille… Oui, je connais l'histoire. La mère vit totalement cloîtrée. Personne n'entre dans l'appartement hors de la présence du père ou, s'il est absent, du frère aîné.

— Il faut pourtant absolument que j'arrive à entrer en contact avec les parents.

— Mmm… J'ai bien une idée, mais c'est un peu un coup de poker.

— Dites toujours.

— À vous, la mère n'ouvrira jamais – vous êtes un homme. Moi, je peux tenter ma chance.

— Mais le père ne vous ouvrira pas plus…

— Oui. Mais la mère m'ouvrira si elle est seule. Et il y a un moment de la semaine où c'est quasiment certain : pendant la prière du vendredi. »

Le jour dit, l'assistante sociale se présente dans l'immeuble. La mère accepte d'ouvrir. L'échange est bref : « Il faut que vous veniez dans le collège, qu'on parle des difficultés du petit. » Elle ne parle pas de Djamila, encore moins de voile. Le message passe. Le lundi à la première heure, j'ai devant moi le père de Djamila, barbu mais vêtu à l'européenne, violence à fleur de peau, parvenant à grand-peine à contenir son agressivité, furieux de nos petites ruses – envoyer une femme ! à l'heure de la prière ! La conversation s'engage néanmoins.

« J'ai compris que ma fille ne pouvait pas porter le voile à l'intérieur du collège. Mais dans la rue, elle en a le droit. Or, vous lui imposez de se découvrir *avant* d'entrer.

— Oui. Quelques centimètres avant d'entrer. De façon à ce qu'elle soit découverte à l'intérieur.

— Mais le résultat est qu'elle est découverte aussi à l'extérieur. Je vous demande de l'autoriser à le faire dans le sas d'entrée. »

Nous tournons en rond sur ce mode pendant un certain temps. Puis je lui demande, aussi respectueusement que possible, s'il lit le français. Oui. Je lui tends le texte de loi sur le port du voile, que j'avais préparé. Il lit le titre et me rend le document. Il le connaît. Je vais alors refermer le petit piège que j'ai conçu.

« Donc, vous savez que tout signe religieux est interdit à l'intérieur du collège. »

Il ne répond pas. Je saisis, dans le carton des objets confisqués, les foulards de sa fille et, d'un geste volontairement brusque, les jette sur le bureau, comme s'il s'agissait d'un vulgaire tas de chiffons. Il s'exclame.

« Vous n'avez pas le droit de faire ça !

— Et pourquoi ?

— Vous le savez très bien. »

Il est coincé. J'enchaîne.

« Si vous jugez que je n'ai pas le droit, c'est que vous attribuez à ces foulards un sens religieux. Vous me dites connaître la loi : il n'y a aucune ambiguïté, les symboles religieux sont interdits dans l'enceinte des établissements scolaires. Désormais votre fille se découvrira avant d'entrer, comme elle le faisait depuis deux ans. »

Les choses rentrèrent dans l'ordre. Cette fois encore, j'avais réussi à défendre le territoire, à marquer la frontière.

Avais-je gagné pour autant ? À la rentrée suivante, Djamila est absente, de même que ses frères – le deuxième doit entrer en sixième. Ses camarades nous indiquent qu'elle passait l'été en Algérie. Nous ne nous inquiétons pas immédiatement. Beaucoup de familles, pour faire des économies sur le prix des billets d'avion, retardent leur retour au maximum. Nous avons pris l'habitude de ne pas signaler ces absences à l'Inspection académique, afin que ces élèves ne perdent pas leur place en rentrant.

Les jours passent. Jusqu'à ce que l'assistante sociale déboule dans mon bureau, un matin :

« Je viens d'avoir Djamila au téléphone. Elle est bloquée en Algérie. Son père conserve ses papiers ainsi que ceux de sa mère. Il a embarqué les garçons et vit avec sa deuxième épouse, en Algérie. La petite a réussi à m'envoyer un SMS et m'a laissé le numéro de téléphone de sa grand-mère. »

Nous parvenons à joindre la mère, qui confirme le récit de Djamila, mais aussi la violence de cet homme à son égard.

« En plus, cette fois, il a kidnappé les garçons en se débrouillant pour récupérer leurs papiers d'identité, nos billets de retour et tout notre argent.

— Il faut que vous portiez plainte, madame.

— Si je porte plainte, ça va être compliqué et durer très longtemps. Mais je suis allée au consulat de France – heureusement que j'ai la nationalité. Ils m'ont dit de déclarer que les papiers avaient été volés, que cela irait plus vite. Je l'ai fait. Mais je n'ai toujours pas l'argent pour rentrer.

— Je vais voir ce que je peux faire. »

Grâce aux services sociaux du Conseil général, nous avons pu financer le retour de Djamila et de sa mère vers la Toussaint. Lorsque je l'ai vue arriver, elle ne portait plus le voile que lui imposait ce père polygame et violent.

« Qu'un sang impur »...

Amel ne pose pas ce genre de problèmes. Elle se découvre scrupuleusement avant d'entrer. Brillante élève de troisième, d'origine algérienne, elle fait partie d'une classe qui offre une option dite DP3 : chaque semaine, trois heures sont dédiées à la « découverte professionnelle ». Nous emmenons les 16 élèves vers un maximum d'univers de travail, certains auxquels on accède par la voie professionnelle, d'autres par la voie générale. Tous les quinze jours, une sortie est planifiée – visite d'entreprise, rencontre avec un patron... – que nous effectuons en métro ou en tramway. Mais ce jour-là, Amel demande à me voir.

« Monsieur Ravet, je vais vous demander quelque chose… Je sais d'avance que vous allez refuser, mais je le fais quand même. Je comprends que je n'ai pas le droit de porter mon voile à l'intérieur du collège. Mais quand je sors avec les profs pour aller visiter une entreprise, je ne suis plus dans le collège. Puis-je remettre mon voile dans la rue ? »

De sa part, je m'attendais à tout sauf à cela. J'improvise la réponse qui, intuitivement, me semble la plus juste.

« Amel, même si tu n'es pas dans l'enceinte du collège, tu es sous la responsabilité des professeurs qui t'accompagnent. C'est pour moi comme si tu étais en classe, même si ce n'est pas dans les murs. »

Plus je parle, plus je me convaincs. Je conclus, très affirmatif :

« À mes yeux, tu ne peux pas remettre ton voile. »

Et cela me crève le cœur. Parce que cette gamine est excellente élève, qu'elle s'investit, que je ne veux pas qu'elle renonce à ces sorties et à cette option qui va lui rapporter des points en contrôle continu et peut même lui permettre d'accrocher une mention au brevet. Des élèves comme elle, je n'en ai pas non plus des dizaines… Le doute m'étreint. Pour moi, c'est une évidence : la famille est derrière.

« Amel, si ce que je te dis pose un souci, je peux expliquer tout cela à tes parents. »

Second coup de théâtre de la journée :

« Ah non, monsieur Ravet, surtout pas ! C'est ma décision à moi de porter le voile. Mes parents sont contre. Mais ils ne peuvent rien dire parce qu'ils sont musulmans. Ils ne vont pas me reprocher d'être une bonne musulmane ! En revanche ils peuvent me reprocher de ne pas me comporter en bonne élève. »

S'ensuit un échange au cours duquel elle m'expose ses raisons avec le genre d'arguments qu'emploie un ado pour justifier un piercing ou un look gothique, mélange de rébellion, de quête de soi, d'identification à un groupe...

Je ne fais pas de cet exemple une généralité. Mais il n'est pas isolé : à l'époque, le choix de porter le voile répond aussi, fortement, à la quête d'identité d'adolescentes qui, bien que nées en France de parents parfois eux aussi nés en France, ne se sentent pas françaises.

Cette rupture du lien avec la France n'est évidemment pas le propre des filles. Quelque temps auparavant, alors que je fais la grille à l'heure du déjeuner, je vois passer un élève de troisième qui fredonne *La Marseillaise*. Un petit mec, haut en couleur, costaud, râblé, brillant. Je le connais bien : c'est lui qui a traduit la prière des morts lors de la cérémonie d'hommage à Wael. Le voici, cheminant devant le collège, enchaînant les « Allons z'enfants de la patrie... » et les « Qu'un sang impur abreuve vos sillons ». Je l'alpague.

« Tu chantes quoi, là ? »

Il me regarde d'un air étonné.

« Mais enfin, monsieur, c'est *La Marseillaise* !

— Je sais bien. Mais qu'est-ce que ça veut dire pour toi ? Par exemple "qu'un sang impur abreuve vos sillons"…

— Ah, ça monsieur, c'est le sang des Algériens pendant la guerre d'Algérie. »

Il ne cherche ni la provocation ni la bagarre. Pour lui, l'ennemi de la France, c'est l'Arabe du XXe siècle et non le prussien visé en cette fin du XVIIIe siècle par le *Chant de guerre pour l'armée du Rhin* composé par Rouget de Lisle, qui deviendra *Marseillaise* et hymne national.

Je crois n'avoir pas été le seul à manquer cette grille de lecture. Toujours au collège Izzo, nous avions une classe « théâtre », qui travaillait en lien avec un événement culturel majeur à Marseille : la Fiesta des Suds. C'est ainsi que nous avons eu la chance et le privilège de rencontrer Djura, mythique chanteuse kabyle, fondatrice du groupe DjurDjura, marraine originelle de l'association Ni putes, ni soumises, inlassable militante des droits des femmes, surnommée « la Femme aux mille combats ». Elle monte alors un projet intitulé « L'Opéra des cités », qui met en scène et sur scène des jeunes talents issus des quartiers.

Dans cette classe théâtre, une élève, dont le profil évoque celui d'Amel – pétillante, travailleuse… et portant le voile. J'assisterai à cet échange poignant entre la grande Djura, 60 ans, et cette jeune fille de

15 ans qui, les yeux dans les yeux mais sans forfanterie, défend mordicus son choix de porter le voile « pour affirmer [son] identité ». De Dieu il ne sera pas question. Seulement d'identité. Et de territoire. – imposer un chez-soi, un espace où l'on a le droit d'être, au sens le plus fort de ce verbe.

Revenons à Versailles, deux ans auparavant, lorsque l'inspecteur général Jean-Pierre Obin vient enquêter sur la montée du phénomène religieux.

Un rapport explosif prestement enterré

Quelques semaines plus tard, après que son équipe eut visité des établissements dans 24 départements, le rapport sort. Enfin, tout est écrit, noir sur blanc. Déjà, il distingue la « permanence » de certains éléments dans tous les établissements visités. « *Le premier est la montée en puissance du phénomène religieux dans les quartiers, notamment chez les jeunes. Le développement des signes et manifestations d'appartenance religieuse dans les écoles et les établissements scolaires ne semble être que la conséquence, ou plutôt la partie scolairement visible d'une dynamique plus vaste, souvent récente, parfois brutale.* » Je retrouve également la variété de manifestations que j'observe : « *[Elles] revêtent des formes parfois licites (comme la participation au jeûne rituel ou le refus d'aliments non consacrés, ou encore le marquage vestimentaire des parents), parfois illicites (comme l'absentéisme sélectif, ou le refus ou la contestation d'activités et de contenus d'enseignement), ou au caractère parfois plus difficile à apprécier (comme certaines revendications d'adaptation de la vie scolaire ou des contestations politico-religieuses). »*

Mais surtout, je découvre l'ampleur du déni : *« Les manifestations d'appartenance religieuse semblent être, à tous les niveaux du système, la classe, l'établissement, l'académie, l'objet d'une sorte de refoulement, ou de déni généralisé de la part de beaucoup de personnels et de responsables : chacun commençant généralement par déclarer qu'il n'y avait pas matière à nous déplacer car il n'y avait rien à observer ou il ne se passait rien dans sa classe, son établissement ou son secteur de responsabilité. »*

Je découvre que ma petite enclave du 3e arrondissement de Marseille n'est pas unique, qu'elle constitue même l'archétype du quartier où s'épanouit la montée du religieux. *« À l'origine de ce mouvement, [nos interlocuteurs] évoquent souvent l'influence déterminante de jeunes hommes professant une religion à la fois plus pieuse, moins populaire et plus intellectuelle, souvent diplômés et ayant fait des études supérieures, en France, au Maghreb ou au Moyen-Orient, certains issus de familles du quartier et d'autres arrivés plus récemment : ceux que des professeurs appellent avec une certaine agressivité "les barbus" et que des élèves nomment avec un respect mêlé de crainte "les grands frères". Il n'est pas exceptionnel qu'on mentionne également d'anciens élèves dont la "conversion" s'est faite au cours d'un séjour en prison et qui bénéficient à ce titre d'une double aura auprès de certains collégiens et lycéens. Une affaire de génération, semble-t-il : des jeunes plus pieux et plus radicaux prennent le pouvoir, ou tentent de le prendre, au sein des associations cultuelles, ou encore créent leurs propres associations, bousculant des anciens plus modérés et soupçonnés d'être inféodés aux associations traditionnelles contrôlées par les pouvoirs politiques des pays d'origine.* »

Partout aussi, l'institution semble complètement dépassée « *face à ces évolutions pour le moins inquiétantes, les pouvoirs publics ne semblent pas toujours réagir à la hauteur des enjeux* », écrit pudiquement Jean-Pierre Obin, maniant, une fois n'est pas coutume, cet art de la litote qui fait partie des compétences de base des inspecteurs généraux.

La contestation des enseignements, déjà identifiée par les inspecteurs du ministère de l'Intérieur, fait tache d'huile. En éducation physique et sportive : « *L'absentéisme et le refus de certaines activités sont de plus en plus fréquents, notamment en piscine et en plein air.* » En lettres et en philosophie : « *"Rousseau est contraire à ma religion", explique par exemple à son professeur cet élève d'un lycée professionnel en quittant le cours. Molière et en particulier* Le Tartuffe *sont également des cibles de choix : refus d'étudier ou de jouer la pièce, boycott ou perturbation de la représentation. Il y a ensuite les œuvres jugées licencieuses (exemple :* Cyrano de Bergerac*),* *"libertines" ou favorables à la liberté de la femme, comme* Madame Bovary, *ou encore les auteurs dont on pense qu'ils sont étudiés pour promouvoir la religion chrétienne (Chrétien de Troyes...).* »

Les rapporteurs craignent même que « *dans certains quartiers, les élèves [soient] incités à se méfier de tout ce que les professeurs leur proposent, qui doit d'abord être un objet de suspicion, comme ce qu'ils trouvent à la cantine dans leur assiette ; et qu'ils sont engagés à trier les textes étudiés selon les mêmes catégories religieuses du halal (autorisé) et du haram (interdit)* ». En histoire, évidemment : « *Les professeurs qui dispensent ces enseignements témoignent en effet de nombreuses contestations d'élèves et de réelles difficultés à aborder ou à enseigner certaines parties du programme. De manière générale, tout ce qui a trait à l'histoire du christianisme, du judaïsme, de la chrétienté ou du peuple juif peut être l'occasion de contestations.* » En biologie, où la contestation de la théorie darwinienne de l'évolution et le refus d'étudier les lois de la reproduction sont courants. Et même en mathématiques où l'on témoigne « *en des endroits fort éloignés [du] refus d'utiliser tout symbole ou de tracer toute figure ressemblant de près ou de loin à une croix* ».

Face à cette offensive en règle, les enseignants manifestent partout « désarroi » et « confusion ». « *Souvent mal préparés à affronter ces situations, laissés sans directive ni soutien, des professeurs, les plus jeunes notamment, pour faire face et tout simplement pouvoir continuer à enseigner, transigent avec les principes ou sombrent dans le relativisme. D'autres, croyant bien faire, et pour remédier à ce qu'ils croient être la cause principale du comportement des élèves, leur "analphabétisme religieux" selon l'un d'eux, s'instituent théologiens en intervenant directement dans l'interprétation des prescriptions et des textes religieux ou en sollicitant l'aide d'une autorité religieuse. D'autres enfin, fragilisés, se mettent en retrait en attendant un changement d'affectation.* » Ce désarroi s'explique. « *À la question "Êtes-vous aidés sur ces questions par vos inspecteurs ?", la réponse des professeurs a été partout un "non" sonore et sans appel* », écrit Jean-Pierre Obin, incapable ici de retenir sa plume.

Ce rapport va m'aider. J'affronte toujours la situation dans une immense solitude, mais je sais que je ne suis pas la seul. Je commence à comprendre que nous avons été, collectivement, victimes d'une combinaison délétère de cécité et d'impuissance. Cécité face à la montée de ces phénomènes. Elle fut brutale mais cela n'y change rien : pour la plupart, nous n'avons rien vu venir, peu instruits de ce qu'est l'islam et encore moins de ce que sont les mouvements islamistes. Nous nous sommes réveillés un jour pour constater que le mal était fait.

À cette cécité s'est ajoutée l'impuissance. Que faire ? Que conseiller à ce professeur de cinquième qui avoue sa difficulté à argumenter face à un élève persuadé qu'il faut lapider la femme adultère ou couper la main du voleur ? Comment endiguer la puissance de séduction de ces « valeurs » qui sont en train de s'immiscer par tous les pores des quartiers et de se substituer à ce qui restait de valeurs communes, républicaines, laïques ? Comment lancer l'alerte sans passer pour d'affreux islamophobes ?

Nous, enseignants, chefs d'établissement, personnels d'éducation, nous n'étions pas armés pour combattre Dieu.

3

Instit un jour, instit toujours

Qu'avais-je à ma disposition pour contrer cette montée des comportements religieux, cette emprise implacable sur les esprits et les cœurs ? Qu'avais-je pour gagner cette guerre de territoire menée jour après jour, mètre par mètre ? La loi. Et mes valeurs.

Elles se sont forgées dans les années 1950-1960 à Lyon, sur les Pentes de la Croix-Rousse, en bordure du quartier arabe traditionnel – le quartier de la Montée de la Grande-Côte, qui est un peu l'équivalent lyonnais de la Goutte-d'Or parisienne. J'y suis né, j'y ai grandi, j'y ai étudié, j'y ai travaillé. Un père artisan plombier, une mère au foyer qui l'aidait pour la paperasse.

La Croix-Rousse, c'est l'ancien quartier des canuts, ces ouvriers tisserands qui firent la prospérité de la ville au XIXe siècle. Ils vivaient et travaillaient dans d'imposants immeubles de cinq étages, parfois six, composés de majestueux ateliers-appartements, suffisamment vastes pour faire entrer la machinerie des métiers Jacquard. Un quartier de révolte et d'insoumission qui, dès le début des années 1830, se rebelle contre ses conditions de travail aux cris de « Vivre libre en travaillant ou mourir en combattant ! » Il porte encore, quand je nais, le souvenir de l'éternel *Chant des canuts*, dont le premier couplet, déjà, oppose la dignité du travailleur à l'emprise de la religion, à l'époque catholique :

Pour chanter Veni Creator
Il faut avoir chasuble d'or.
Pour chanter Veni Creator
Il faut avoir chasuble d'or.
Nous en tissons…
Pour vous, grands de l'Église,
Et nous, pauvres canuts,
N'avons pas de chemise.

C'est nous les canuts,
Nous sommes tout nus.

Il en reste, en ce milieu de XXe siècle, un paradoxe : les habitants sont de milieu populaire, mais ils vivent dans de superbes bâtisses avec quatre mètres de hauteur sous plafond et poutres apparentes. Les propriétaires qui, au XIXe siècle, louaient ces ateliers-appartements aux canuts, les entretiennent tant bien que mal, surtout quand l'insalubrité commence à chasser les familles vers

La Duchère ou Rillieux-la-Pape. Aujourd'hui ghettoïsés, ces quartiers font alors figure de petits eldorados pour les plus modestes.

Ma famille ne vit pas dans ces immeubles majestueux mais dans une rue adjacente bordée de petits immeubles des XVIIe et XVIIIe siècles qui tombent en décrépitude. Peintures écaillées et toilettes sur le palier.

« Faites-lui faire des dictées »

Mitoyenne du quartier arabe, mon école accueille quelques enfants dont les parents sont nés en Algérie et il règne une forme harmonieuse de mixité sociale. Mes premiers pas y sont pourtant quelque peu chaotiques. Souffrant d'une légère dyslexie, je fais partie de ces élèves qui, aujourd'hui, auraient droit à un auxiliaire de vie scolaire pour les soutenir dans leur scolarité. Rien de tel à l'époque. Les instituteurs n'ont qu'un pauvre conseil à donner à ma mère : « Faites-lui faire des dictées. » C'est à peu près aussi fin et efficace que de conseiller à un parent d'enfant anorexique de le faire manger. Mon handicap est compliqué par un méchant coup du sort : en CP, j'attrape une pneumonie qui m'éloigne de l'école des vacances de la Toussaint à celles de Pâques. Hôpital, maison de repos, longue convalescence à la maison…

Durant toute cette période, ma mère est auprès de moi. Elle me fait lire. Des pages et des pages, des livres et des livres. Lire, lire et encore lire. Mais pas écrire. De prime abord, bien lui en prend : notre instituteur, M. Merniac, attache une importance considérable à la lecture. Si bien que lorsque je reviens en cours, il me teste immédiatement en lecture, et je réussis haut la main. Me voici dans le groupe des bons élèves. Alors même que j'éprouve et éprouverai pendant des années de cruelles difficultés en écriture.

En CE1, j'en prends plein la figure. Je passe à côté de toutes les combinaisons qui permettent de produire un son. Mes cauchemars sont emplis de « eille », de « ouille », de « aille », de « ille »... Je suis capable de les lire, incapable de les retranscrire. Je traîne mon handicap, je m'accroche comme je peux, j'invente des systèmes de compensation comme le font tous les dyslexiques. Bien plus tard, face à des élèves confrontés au même handicap, je tenterai de suggérer de ne pas abuser des aides extérieures, de leur laisser en tout cas ce petit espace dans lequel ils inventent leurs solutions, bidouillent des itinéraires, dans leur tête, déploient des stratégies de contournement. Elles sont dévoreuses de temps et d'énergie mais portent aussi les germes de formes de réussite. J'ai beau faire, l'instituteur, en fin de primaire, craint que je me perde si j'entre en sixième au lycée et préconise une orientation en Collège d'enseignement général – les défunts CEG.

En ce temps coexistent encore deux filières d'enseignement secondaire. Héritier du lycée napoléonien, le « petit lycée » accueille les élèves les plus brillants de la sixième à la troisième et les prépare à poursuivre leurs études, dans ses murs, de la seconde à la terminale et, idéalement, en classe préparatoire aux grandes écoles. C'est la voie de l'excellence, empruntée à l'Empire par la République. Depuis 1959 et la réforme Berthoin, les autres élèves sont envoyés dans des Collèges d'enseignement général – ils se fondront, en 1975, dans le « collège unique » de René Haby.

On me certifie que cette orientation ne m'empêchera pas de réaliser mon rêve d'enfant : devenir instituteur. S'ils parlaient, mes ours en peluche seraient intarissables sur les heures que je leur ai consacrées en rentrant de l'école. Tous bons élèves, cela va de soi, mais l'un d'entre eux un peu turbulent. Savais-je à l'époque que ma mère, excellente élève élevée en milieu rural, avait dû renoncer à devenir institutrice quand Pétain avait supprimé les cours complémentaires, ce marchepied merveilleux qui prolongeait l'école primaire pour les élèves les plus méritants et permettait à certains de rejoindre les écoles normales ? Consciemment ou non, je porte ce rêve empêché. Consciemment ou non, ma mère me soutient dans mon entreprise.

Mes parents suivent donc le conseil de l'instituteur et m'inscrivent dans un CEG situé à l'opposé du quartier de la Croix-Rousse. J'ai 11 ans et, matin et soir, je traverse le quartier arabe, à pied ou en bus, expérience qui n'est sans doute pas étrangère à la familiarité que je ressentirai, quarante ans plus tard, à travailler dans des quartiers métissés à Marseille. Minoritaires en école primaire, mes camarades de collège sont majoritairement issus du quartier arabe. J'y suis comme un poisson dans l'eau, dépositaire des valeurs transmises par une famille issue d'une vieille culture protestante empreinte de tolérance et de respect de l'autre.

Exigence pour soi, tolérance pour les autres

Notre famille vient de la Drôme, d'un petit village baptisé Ravel et Ferriers, non loin de Chatillon-en-Diois, aujourd'hui fusionné avec la commune de Boulc. Quelques maisons accrochées aux derniers contreforts des Alpes, à 1 100 mètres d'altitude, à 5 kilomètres du plateau du Vercors, où l'on fabrique le fromage de Picodon et les huiles de lavande. Un lieu de résistance bien avant la guerre : ce fut un des rares villages qui survécurent à leur refus de la révocation de l'édit de Nantes. Pendant des siècles, les registres paroissiaux y sont hémiplégiques : les protestants refusent d'informer l'Église des naissances ou des décès, laissant les curés dans un grand désarroi. En 1730, l'un d'entre eux écrit à son évêque : « *Vous serez étonné, Monseigneur, lorsque vous verrez les registres de la paroisse de Ravel tout blancs.*

Les nouveaux convertis non pratiquants ne viennent plus du tout me prévenir quand un petit enfant naît, pas plus que pour enregistrer les décès. » La tradition survivra même à la Révolution : il n'y a pas de cimetière communal dans ce village, chacun continue à enterrer dans son champ.

Mes parents ne vont pas au temple. Mon père étant d'origine catholique, ma mère s'évertue à nous dire, à mon jeune frère et à moi : « Vous choisirez votre religion quand vous serez adultes. » Mais les valeurs qu'elle nous transmet infusent avec peut-être encore plus de force que si on nous les avait assénées au temple. Une façon de se conduire faite à la fois d'extrême exigence envers soi et d'immense tolérance pour les autres. Très peu de manifestations extérieures des sentiments. On est dans le domaine du maîtrisé, on n'affiche rien. Et on cherche en toutes choses à s'améliorer. Pendant toute ma scolarité, même lorsque je rapporte des notes brillantes comme en histoire – ma passion – puis, plus tard, en mathématiques, ma mère n'a qu'un commentaire : « Tu peux mieux faire. »

Ravel-et-Ferriers, c'est notre bled à nous. J'y passe l'essentiel des vacances. Avec, régulièrement, quelques échappées à Montélimar : 90 kilomètres de virages, près de deux heures de route, la moitié le long des falaises calcaires du Vercors, pour rejoindre un autre monde, celui de cette tante qui avait épousé un prince charmant qui avait le sens des affaires. Il était commerçant mais ils vivaient comme des grands bourgeois – service à table, clochette pour appeler Mlle Germaine, la bonne. Je reçois ce choc des cultures avec l'innocence de l'enfance, sans que cela me surprenne ni me fascine. Sauf lorsque mon oncle, passionné d'art, nous entraîne dans l'arrière-pays niçois pour sillonner les expositions d'art contemporain. Je découvre la sculpture, la peinture, un monde que je ne soupçonnais pas.

Ma tante, elle, est passionnée de généalogie. Je dois avoir 13 ans quand elle m'entraîne – ou me traîne – aux archives départementales de la Drôme. Nous fouinons dans les registres jusqu'à trouver trace d'un de mes aïeux, un certain Chauvin, qui fut instituteur entre 1827 et 1860. Beaucoup de communes n'ont pas attendu les lois Ferry et la fin du XIXe siècle pour se doter d'écoles. En terres protestantes, le rapport au savoir est fondamental. Même bien avant la Révolution, les communes ouvrent des écoles et louent les services d'instituteurs – souvent un paysan qui travaille ses terres l'été et enseigne l'hiver. Nous découvrons que Chauvin a enseigné dans plusieurs villages du Diois.

Bien plus tard, je retrouverai un rapport d'inspection, réalisé à l'époque par l'évêque du diocèse. Il décrit un homme pas très cultivé, un peu trop porté sur la bouteille, mais auquel est reconnue une qualité rare : il consacre une énergie folle à aller chercher les enfants dans les hameaux les plus éloignés, afin qu'eux aussi soient éduqués. Ses deux fils deviendront également instituteurs. Ils seront déportés à Cayenne en 1851 pour avoir participé à l'insurrection contre Napoléon III lors du coup d'État du 2 décembre. Ce jour-là, les instituteurs avaient fait le tour des bourgs pour inciter les villageois à marcher sur Crest, la grande ville. Ils ont pris dix ans de bagne, et on n'a plus jamais entendu parler d'eux. Pour avoir chanté *La Marseillaise*. Est-ce par fidélité à ces ancêtres que je me sentirai, pour toujours, investi de la double mission de défendre les principes républicains et d'aller récupérer les brebis égarées ? Me voici en tout cas renforcé dans mon rêve d'enfant.

1968. Pendant que la France étudiante et ouvrière s'embrase, je planche sur le concours d'entrée à l'École normale d'instituteurs, que l'on peut encore rejoindre dès la fin de la classe de troisième. Recalé. J'entre au lycée Saint-Exupéry de la Croix-Rousse, qui est plutôt un bon lycée, en section scientifique – j'ai découvert au collège que la dyslexie n'empêchait nullement d'être bon en mathématiques, même si je n'aime pas vraiment cette discipline. La fréquentation du club théâtre du collège m'avait également aidé à progresser – le détour par l'oralité est excellent pour lutter contre la dyslexie.

Entre formation et formatage

La volonté de devenir instit me reste chevillée au corps. À la fin de la seconde, je présente de nouveau le concours d'entrée à l'École normale. J'évite – cela me vaut des sueurs froides – le zéro éliminatoire en dictée. Reçu ! Je connais le prix à payer : redoubler ma seconde à l'École normale. C'est alors la règle, afin de garantir que tous les élèves recevront exactement une même formation, dont je découvrirai vite qu'elle tient surtout du formatage.

À ma grande surprise, le directeur renonce. Mes talents n'y sont pour rien : sa décision est motivée uniquement par la faiblesse des effectifs en classe de première scientifique. Il faut remplir la structure. C'est ma première leçon sur le fonctionnement de l'Éducation nationale : la conformité administrative l'emporte à peu près systématiquement sur toute autre raison. Je me contente, pour l'heure, de goûter mon plaisir. Je suis dans le Saint des Saints, et je n'ai même pas à redoubler.

Cerise sur le gâteau : l'École normale est située dans le quartier de la Croix-Rousse. Mieux encore : l'école primaire d'application – celle qui accueille pour leur formation pratique les apprentis instituteurs que nous sommes – est celle où j'ai été élève. Tout cela se joue dans un périmètre de deux kilomètres autour de la maison. Ma mère demande donc une dérogation afin que je continue d'y loger, plutôt que de rejoindre l'internat. Le refus est immédiat et ne souffre aucune contestation possible. Le souffle libertaire de 1968 n'a pas franchi les hautes grilles qui ceignent l'école.

Je crois entrer dans une institution républicaine, j'entre dans un séminaire laïque où chacun est mû par l'ambition, un jour, de décrocher les prestigieuses palmes académiques, dont la couleur violette s'inspire de la chasuble des évêques.

Dortoirs de trente internes découpés en autant de petits box en bois, quinze de chaque côté de l'allée centrale, où tiennent juste le lit, la table de nuit et l'armoire. Interdiction d'afficher photos ou posters. Blouse en nylon bleu pour tous. Corvée de balayage tous les matins. Absence de mixité, cela va sans dire – les filles ont leur École normale de l'autre côté du boulevard. Un monastère laïque dans lequel nous partageons la hantise d'être collé et de ne pouvoir rentrer chez soi le week-end. Mais formation pédagogique en acier.

Code Soleil

Avant le bac, outre les matières obligatoires pour réussir l'examen, nous devons apprendre une deuxième langue vivante et suivre des cours de musique et d'arts plastiques, disciplines que nous aurons à enseigner à nos élèves et qu'il est hors de question d'abandonner après la troisième. Révision obligatoire du *Code Soleil*, véritable Bible du métier rédigée en 1923 par un chef de bureau du ministère de l'Instruction publique du nom de Joseph Soleil, dont le chapitre consacré à la

« morale professionnelle », constitue encore la fondation de nos cours de morale. Aux jeunes femmes, on prescrit la sobriété : *« L'institutrice, surtout, aura à se surveiller. Au village, une mise décente et sobre est de rigueur. Point de coquetterie excessive, point de toilettes voyantes et de mauvais goût. Bien entendu, il n'est pas question pour l'institutrice de se négliger, de ne pas se distinguer de la gardeuse d'oies. Il entre dans sa mission au village de faire l'éducation du goût. À elle d'apprécier les limites du bon goût et de s'y tenir. La simplicité n'exclut pas l'élégance. »* Aux hommes, on impose la tempérance. *« Il faudra éviter jusqu'à l'apparence d'un abandon. La malignité publique aura tôt fait de conclure de l'apparence à la réalité. Point de fréquentation douteuse, point de ces parties de plaisir trop fréquentes, elles alimentent la critique, non pas seulement pour l'objet illicite qu'on leur prête, mais encore pour les rancunes jalouses qu'elles provoquent. »* À tous on demande soumission aveugle à l'autorité de l'institution et mise en sommeil de l'esprit critique : *« Au point de vue politique son attitude ne peut être que celle d'une loyauté parfaite envers la République et envers la patrie. Accepter d'être instituteur public, c'est accepter cette restriction à la liberté d'opinion. Cette clause du contrat qui lie l'instituteur à l'État est parfaitement claire et ne peut donner lieu à aucune équivoque. »* Le *Code Soleil* ne sera abandonné qu'en 1979. En ce début des années 1970, je le potasse, comme mes camarades.

Après le bac, nous enchaînons sur deux années de formation professionnelle au cours desquelles se succèdent les stages en classe pour apprendre les gestes du métier. Tout est conçu pour nous faire entrer dans le moule des hussards de la République.

Ces années sont aussi celles de mes premières grandes émotions culturelles, de l'ouverture au monde. Les surveillants de l'École ont ainsi créé un ciné-club dont je ne manque aucune séance. Je vois encore mourir cette mère sur les escaliers d'Odessa, en pleine révolution russe, dans *Le Cuirassé Potemkine* d'Eisenstein, et lâcher le landau qui dévale les marches, suivi par le premier travelling avant de l'histoire du cinéma. Je vois encore les écrans en mosaïque du *Napoléon* d'Abel Gance, qui préfigurent le procédé du *split screen* (écran éclaté). Je vois encore l'atterrissage de nuit du pilote Jurieux, en ouverture de *La Règle du jeu* de Renoir. Tous les grands films du répertoire, le socle d'une authentique culture générale, qui, à l'époque, faisait partie du bagage naturel de l'instituteur.

J'en saisis l'occasion avec d'autant plus d'enthousiasme que je suis prêt à tout pour échapper aux rigueurs de l'internat, même si je n'ose pas « faire le mur ». Je me porte ainsi volontaire pour participer au partenariat initié avec le tout jeune Théâtre du Huitième, que vient de créer un metteur en scène lyonnais qui n'est qu'à l'aube d'une immense carrière : Marcel Maréchal. Il alterne textes contemporains (Audiberti, Vauthier...)

et classiques (Aristophane, Büchner, Ruzante...). Plus encore que le cinéma, le théâtre m'emporte, les rencontres avec les metteurs en scène me passionnent, les professeurs qui nous préparent à ces sorties m'ouvrent des horizons insoupçonnés. J'en profite aussi pour mettre la main à la pâte pour mes camarades. Collégien, j'avais appris les rudiments de la photographie et de l'art du tirage. Normalien, j'entre au club photo, dont je deviens un des animateurs.

Entre contrôle et confiance

De ces années, je conserve un souvenir mélangé. La première réminiscence a toujours un goût amer. Celui du contrôle, de la rudesse du quotidien, de l'absence d'affection alors que je suis à deux kilomètres d'un foyer aimé et aimant. Puis remonte une seconde saveur, plus douce. Celle d'années qui m'auront permis de me construire, culturellement, intellectuellement, dans une atmosphère au fond bienveillante. Nos maîtres nous faisaient confiance, étaient prêts à tout pour nous responsabiliser, pour nous donner envie de nous engager, de défendre des valeurs, de porter haut l'ambition de transmettre les savoirs et la culture au plus grand nombre.

La culture ne vient pas seule pour qui n'est pas né dans une famille fréquentant spontanément théâtres, cinémas et salles de concert. Je chéris encore le souvenir de cette École normale si attentive à nous offrir les clés et le plaisir des arts à nous, enfants des classes populaires et moyennes, fils de fleuristes, d'ouvriers, d'artisans, qui n'avions pas eu cette chance dans nos foyers, comme nos quelques camarades fils de bourgeois ou d'enseignants.

Quarante ans plus tard, ce souvenir demeurera vivace et je soumettrai à l'architecte du futur collège Izzo l'idée d'un auditorium à double entrée, l'une côté collège, l'autre côté rue, afin de pouvoir organiser des spectacles pour le quartier. Sans parler des dizaines de partenariats que je nouerai, au fil de mes postes, avec des institutions culturelles ou sportives.

Pour l'heure, j'apprends les bases du métier en enchaînant les stages dans des écoles primaires du quartier. Et je continue à me battre contre ma dyslexie. Au début des années 1970, la littérature scientifique s'intéresse peu au sujet, et si j'ai su franchir les obstacles en tant qu'élève, je dois apprendre à le faire de l'autre côté de l'estrade. Et croyez-moi, ne pas distinguer sa droite de sa gauche quand on est instit et qu'on a une classe de CP, « bonjour l'horreur » ! On est obligé d'avoir plein de petits repères et de faire en sorte que les élèves ne les détectent pas. Je multiplie les subterfuges, ce qui me dévore une énergie de chaque instant. Lorsque je suis face à eux et leur demande de commencer un texte « en haut à gauche », il me faut réfléchir avant de désigner le bon côté du tableau. Quand je m'aventure parmi eux et regarde le tableau du fond de la classe, je me repère par rapport à la cour de récréation, dont je mémorise systématiquement si elle est, vue de l'estrade, à droite ou à gauche. Tout me sert. Le poignet auquel est attachée ma montre. La main avec laquelle je tenais ma cuiller, enfant, lorsque je mangeais mon petit déjeuner dans la cuisine. Mais surtout, je contourne à chaque fois que je le peux les explications qui impliquent de désigner la droite ou la gauche.

Je suis aidé dans cette entreprise par des institutrices d'exception, dont Simone Briel, une mère Teresa de l'éducation et de la culture, Croix-Roussienne de naissance, qui fut une jeune disciple de Célestin Freinet. Pendant des années, elle encaissera des évaluations médiocres. L'Éducation nationale n'aime pas les têtes qui dépassent, comme je l'ai déjà fait remarquer, et, oserais-je ajouter, qui pensent. Je me passionne pour l'histoire de ce pédagogue mythique, disparu huit ans plus tôt, et qui s'était battu contre vents et marées pour défendre une pédagogie ne s'attachant pas seulement à déverser des savoirs morts dans la tête d'élèves immobiles sur leur banc. J'aime l'idée de la classe « atelier », où les élèves sont invités à coopérer pour résoudre des problèmes, qu'ils soient académiques ou pratiques. Une classe où les apprentissages sont liés à leur usage comme lorsqu'on crée un journal scolaire ou qu'on entretient une correspondance avec d'autres élèves, une classe laboratoire, où le « tâtonnement expérimental » permet d'accéder aux savoirs et de les fixer bien plus sûrement qu'en ne recourant qu'au « par cœur ». J'aime aussi l'idée d'une école qui s'inscrit dans son environnement, qui n'est pas étanche à la vie locale, qu'elle soit économique ou culturelle.

Très tôt, je saisirai toutes les occasions d'offrir aux élèves autre chose que le seul « lire, écrire et compter », fidèle en cela au vœu de Jules Ferry, dont l'historien Claude Lelièvre se plaît à rappeler qu'il y voyait un signe distinctif de l'école républicaine : *« Ce n'est pas le moindre des paradoxes que cette légende qui attribue à Jules Ferry une fixation sur le "lire-écrire-compter" [...], alors qu'il n'a cessé de lutter en sens contraire. En réalité, Jules Ferry tente d'inverser la hiérarchie entre les enseignements dits fondamentaux (et traditionnels) et les enseignements dits "seconds", "accessoires". C'est précisément dans ces enseignements dits "accessoires" que réside pour Ferry la rupture entre "l'ancien régime" et le "nouveau", une véritable révolution. »* L'époque s'y prête. Les années 1970 ont inventé le « tiers temps pédagogique ». La journée est découpée en trois séquences : celle de notre « lire, écrire, compter », celle de l'éducation physique, et celle des activités dites « d'éveil » : sciences, histoire, activités artistiques...

La Croix-Rousse est un quartier populaire, paupérisé, mais situé en centre-ville. L'opéra est à dix minutes, le musée des Beaux-Arts à quinze, le musée historique à vingt. Sans parler des richesses historiques propres au quartier lui-même, à commencer par le boulevard de la Croix-Rousse, la montée de Grande Côte et les traboules.

La ville s'offrait à nous, nous allions l'arpenter et en faire un fabuleux champ d'apprentissage. La dynamique était d'autant plus facile à enclencher qu'à l'époque l'école est partout la bienvenue. Louis Erlo, mythique directeur de l'opéra de Lyon pendant vingt-six ans, nous ouvre ses portes. Ses équipes nous envoient des cassettes pour faire travailler les enfants, monter des chœurs, nous préparer aux spectacles afin de ne pas y assister en spectateurs passifs. Lors d'une représentation du *Petit Ramoneur,* l'opéra pour enfants du compositeur britannique Benjamin Britten, toute la salle est invitée à chanter. Bonheur de nos élèves, fierté de leurs parents, que nous impliquons dans toutes ces activités et qui jouent le jeu, y compris les mamans récemment arrivées et parlant à peine français.

Un engagement viscéral

Je ne théorise rien, je ne réfléchis rien. Les occasions sont là, je les saisis à l'instinct, en fils de la Croix-Rousse et en bon petit soldat de l'École normale. Viscéralement convaincu du pouvoir de l'école. Viscéralement convaincu d'être plus utile auprès de ces enfants si éloignés de la culture que dans l'école d'enfants de médecins, de cadres et de commerçants où j'avais effectué mon premier stage de formation. Viscéralement convaincu que notre vraie mission est là. Viscéralement convaincu que l'école doit être une formidable passerelle vers la culture pour ces enfants en priorité. Viscéralement convaincu que si l'école ne le fait pas, personne ne le fera. Il y a alors, dans mon engagement, quelque chose qui relève des tripes, qui n'a nul besoin d'être expliqué ni justifié, une évidence qui jamais ne me quittera.

Ces découvertes résonnent avec mes lectures du moment. Rousseau, qui veut croire que l'homme est « naturellement bon » et qu'il existe des voies « naturelles » pour conduire l'enfant vers les savoirs. Pestalozzi, moins connu du grand public, considéré sinon comme le disciple de Rousseau, du moins comme celui qui tenta de mettre en œuvre ses préceptes. Il avait conçu dès 1805 une école fascinante, à Yverdon, en Suisse, qui accueillait des enfants de toutes nationalités, de tous milieux, de toutes religions.

Contrairement à ce que les adversaires de ces pédagogies martèlent, par ignorance ou malveillance, le laxisme n'était point de mise comme le rappelle le chercheur belge Pol Defosse : *« Le rythme scolaire y était intense : dix heures de leçons par jour, de six heures du matin à huit heures du soir, mais aucune leçon ne durait plus d'une heure et les activités étaient variées. Le programme prévoyait des exercices par groupes, des travaux en classe pour la lecture et l'écriture, des moments ludiques, des promenades pédagogiques* [...] *et des stages chez des artisans. On y alternait des travaux manuels (cartonnage, jardinage) et les exercices intellectuels.* [...] *Il n'y avait ni punitions ni récompenses. Pestalozzi, qui refusait l'émulation et la crainte, recevait régulièrement les enfants par groupe de quatre ou cinq afin de les entendre, de répondre à leurs questions et à leurs demandes. Pestalozzi accordait également une grande importance à l'éducation morale fondée sur le dialogue, la tolérance et la religion.* »

Pour l'heure, je ne mesure pas encore à quel point ces enseignements vont irriguer ma pratique professionnelle. Comme tous les jeunes instituteurs, mes premières préoccupations sont bien plus immédiates : comment faire cours ? comment transmettre au mieux à tous les élèves, en dépit des différences de niveau et de rythme d'apprentissage ?

Aujourd'hui, les enjeux ont changé : il faut d'abord réussir à « tenir » une classe. À l'époque, le respect de la discipline allait de soi. Je n'ai aucun souvenir, en école élémentaire, de ce bruit de fond constant et usant dans lequel on enseigne aujourd'hui. Le chahut était inexistant. Nous étions encore des « maîtres » et des « maîtresses », au sens fort.

Une seconde collègue me guidera. Elle a vingt ans de plus que moi et un fils prénommé Thierry qui, des années plus tard fera parler de lui en devenant secrétaire d'État à l'enseignement supérieur : Colette Mandon, grande dame, immense institutrice. Elle enseigne en cours préparatoire et a fait de sa classe un espace de vie fascinant, un lieu qui me paraît magique. À peine y pose-t-on un pied que l'on est saisi par la beauté de ce qui s'y passe, une sensation presque physique d'épanouissement par le travail, un fourmillement permanent. C'est vers elle que je me tourne quand je reçois ma première affectation, dans une école du quartier arabe.

Mes souvenirs d'enfance couleur sépia ont été balayés par la dureté des temps. En ce milieu des années 1970, les Trente Glorieuses se fracassent sur les chocs pétroliers. L'État vient de décider de la fin de l'immigration de travail mais le regroupement familial, dont la légalité a été confirmée en 1976, amène en France des milliers d'enfants, notamment du Maroc et d'Algérie, que nous accueillons dans les écoles de quartiers que les entreprises, elles, désertent. Ils se mêlent aux rapatriés d'Algérie nombreux à la Croix-Rousse et aux alentours, s'entassent dans les barres d'immeuble de La Duchère, hier fleuron de l'habitat social, demain symbole de l'échec de l'urbanisme de ces années. Le chômage augmente, des îlots de grande pauvreté se forment, les fleurons industriels des quartiers populaires sortent de la ville. La ghettoïsation est en marche et j'effectue ma troisième rentrée de maître de plein exercice, en 1977, dans une école dont on dit déjà à l'époque que c'est une des plus difficiles de Lyon, l'école Michel-Servet.

La pauvreté saute aux yeux. On la voit aux vêtements élimés des enfants. On la devine à la façon dont certains se jettent sur la nourriture à la cantine. On sent le poids de l'effet de la souffrance sociale, des parents au chômage, des taudis dans lesquels les enfants se sont réveillés le matin. Ces sensations, je les retrouverai, trente ans plus tard, au collège Versailles, à cette différence majeure qu'en 1977 la volonté d'intégration domine et que le religieux est totalement hors du champ, excepté le jour de l'Aïd, où un ou deux élèves s'absentent, et encore nous n'y prêtons guère attention. Car dans la plupart des familles, une des marques d'intégration, c'est au contraire de fêter Noël et de tout faire pour que les enfants aient des cadeaux à cette occasion. La ville de Lyon, dans son grand radicalisme historique hérité d'Édouard Herriot, prend soin de ne jamais servir de porc mais impose le poisson chaque vendredi sans que cela suscite le moindre débat. L'adversaire, c'est la pauvreté, pas le religieux.

« Coco, t'inquiète pas ! »

Les habitants des immeubles bourgeois des bords de Rhône pourraient amener un peu de mixité sociale, mais la plupart choisissent l'école privée voisine. Seuls quelques « bobos » avant l'heure, artistes ou militants de gauche, persistent à nous confier leurs enfants, par attachement à l'école publique. Mais, surtout, on m'a attribué un cours préparatoire, sans doute le niveau le plus délicat, pour un enseignant, dans une école primaire. Lorsque j'apprends la nouvelle, juste avant l'été, mon premier réflexe est d'aller voir Claudette Mandon.

« Claudette, ça y est, ils me filent un CP, je ne vais pas savoir faire. »

Elle me dit :

« Coco, t'inquiète pas, je vais te prêter deux trois trucs. Tiens, regarde mes progressions, tu comprendras comment je m'y prends. »

Cette femme avait tout compris. Elle avait inventé sa propre méthode d'apprentissage de la lecture, très proche d'une démarche Freinet et formidablement efficace. Tous les jours, en fin d'après-midi, elle faisait raconter une petite histoire à ses élèves et la transcrivait au tableau. Le soir, elle préparait sa leçon de lecture du lendemain en partant de ce qui était sorti de cette discussion avec les élèves. Elle isolait dans le texte les graphies ou les sons nouveaux pour en enseigner les règles et les usages aux élèves. Au lieu de suivre une progression théorique dans un manuel, elle parvenait ainsi à couvrir l'ensemble des difficultés de la langue selon le moment où les élèves en avaient besoin. La première fois que j'ai découvert sa méthode, j'ai pris peur. J'espérais des recettes, des trucs, du « prêt-à-enseigner ».

Je découvrais que le secret résidait dans la capacité à polir chaque cours comme une pièce unique. L'enseignement est un artisanat, pas une industrie.

Je lui ai fait confiance. Et j'ai passé deux années de rêve en CP, porté par cette joie absolue que connaissent bien les instituteurs : découvrir le matin que l'élève qui semblait n'avoir rien compris la veille au soir a enfin saisi un mécanisme nouveau. Quand ce mécanisme, c'est l'apprentissage de la lecture, le moment est tout simplement magique. Et plus on approche des vacances de Pâques, plus on a senti monter l'angoisse, en soi et chez les élèves qui n'y parviennent pas, plus ce moment est fabuleux.

La fin d'un monde

Pendant que je mène mon petit combat, le monde alentour continue à s'effriter. Jusqu'à s'écrouler. Plutôt que de raser les bâtisses insalubres du quartier et de les remplacer par des immeubles modernes, la municipalité a décidé de les réhabiliter. Mais pas au profit de leurs résidents. J'assiste, impuissant, au départ forcé des habitants issus de l'immigration, chassés par les méthodes les plus viles. Ici, c'est un escalier fatigué qui, étrangement, devient de plus en plus branlant. Là, un tableau électrique mal isolé qui ne résiste pas à un court-circuit. Dès le lendemain, la Mairie arrive, appose un arrêté de péril et, dans sa grande mansuétude, expulse les habitants « pour leur bien » vers les ZUP du sud de la ville – les Minguettes, Vénissieux… – pour un voyage sans retour. La réhabilitation peut commencer. L'immeuble sort de la loi de 1948, qui dans les années 1970 concerne 20 % des logements en France et permet aux familles de se maintenir dans des appartements parfois à la limite de la vétusté mais pour un loyer modique. Une fois la rénovation effectuée, les nouveaux loyers sont inaccessibles aux précédents occupants. Un à un les immeubles tombent entre les mains des promoteurs. Un à un, ils se vident de leurs habitants. Un à un, mes élèves viennent me voir, comme cette petite fille dont je me souviens encore : « Je dois vous dire au revoir. Ce matin, il y a eu le feu dans la maison. Maman a eu le droit de "rerentrer" pour faire une valise. Demain on part à Vénissieux. »

J'ai 24 ans, suis lesté de cette double culture protestante et laïque qui m'invite à agir. Je ne peux que m'engager, sur le terrain. Je rejoins le Comité de coordination des associations des Pentes de la Croix-Rousse, qui fédère aussi bien La Cimade, association qui défend les migrants depuis 1939, l'Armée du salut que des associations de parents d'élèves. Tous dénoncent le pourrissement voulu du quartier, la chasse aux pauvres, l'absence totale de projets sociaux. Les familles immigrées sont quasiment absentes de ces comités. Elles font profil bas, restent discrètes, ne veulent pas faire de vagues. Mais surtout, découvre-t-on, elles ont honte. Leurs difficultés, leurs histoires d'expulsion, nous les apprenons généralement par la bande, par le truchement d'autres familles, souvent artistes – elles sont nombreuses dans le quartier.

Par la force des choses, je suis désigné porteur d'un groupe de réflexion sur la place des enfants et des adolescents dans le quartier des Pentes de la Croix-Rousse. Position que je retrouverai, trente ans plus tard, lors de la création du collège Izzo, à La Joliette, à Marseille, qui s'inscrira dans le cadre du vaste projet de rénovation Euroméditerranée – lui aussi oublieux de cette question. La réhabilitation de la Croix-Rousse, déjà, fait l'impasse. La cour de récréation de l'école où j'enseigne, Michel-Servet, a été coupée en deux par l'entrée du tunnel de la Croix-Rousse, en 1952. Le taux de pollution y est stratosphérique, mais tout le monde s'en moque.

Nous aurons plus de réussite avec la Condition des soies, splendide immeuble du XIXe siècle dans lequel la soie brute, à son arrivée, était pesée et mesurée avant d'être tissée. L'immeuble, conçu par le même architecte que la Halle au blé et le musée Saint-Pierre, est également célèbre pour avoir accueilli un laboratoire de Pasteur. La société d'équipement de la région lyonnaise projette d'en faire un hôtel de luxe. Nous menons le combat sur tous les fronts : mobilisation des habitants, demande de classement au registre des Monuments historiques pour retarder la procédure (elle aboutira en 1980)… Cette fois nous obtenons gain de cause autour d'un projet qui agrège un centre social, une annexe de la bibliothèque municipale, et un espace polyvalent de 200 places susceptible d'accueillir des petits spectacles. Simone Briel, mon instit proche de Freinet, préside ce projet, qui sera le seul équipement public que nous parviendrons à sauver des griffes des promoteurs.

Nous ne sommes pas les seuls enseignants à nous mobiliser, et les familles le voient. À aucun moment, alors même qu'elles se sentent rejetées, traitées en parias, elles ne douteront que l'école est à leurs côtés, qu'elle les soutient. Cela change du tout au tout leur rapport à l'institution et notre travail avec elles et leurs enfants. De plus, Simone Briel, Claudette Mandon, moi-même et tant de collègues, nous habitons tous à la Croix-Rousse. Au même endroit que les familles, que les élèves. Cela s'est complètement perdu aujourd'hui. À l'époque où on le vit, cela fait partie de notre environnement de rencontrer les mères d'élèves au marché. Ce n'est exceptionnel ni pour elles ni pour nous. Le message est bien sûr implicite mais il est fort : nous faisons partie du même monde.

Je l'ignore, forcément, mais ces années de formation et ces premières expériences contiennent, en germe, mes futures années marseillaises. C'est là que je me forge la conviction que, dans des quartiers fragilisés, l'enseignant, le gestionnaire ou le chef d'établissement ne peuvent pas rester neutres, qu'ils doivent ajouter à l'engagement professionnel un engagement personnel. Quitte à déranger l'institution. Quitte à bousculer l'image désincarnée du fonctionnaire empreint de réserve et de neutralité. Pourquoi la société serait-elle capable de demander à ses soldats de s'engager et pas à ses enseignants ? Pourquoi a-t-on laissé tomber en désuétude l'image de l'enseignant militant – étrangement, elle ne survit aujourd'hui que sous forme de slogan commercial, celui de la Maif, mutuelle historique des enseignants, qui se présente comme « assureur militant » ? Pourquoi l'engagement n'est-il plus inhérent au métier ? Je suis persuadé que si l'on imposait à tous les professeurs, en échange de deux heures de cours en moins chaque semaine, de donner deux heures au quartier dans lequel ils exercent, bien des problèmes se résoudraient. La différence dans la relation aux familles et aux élèves est tangible, je l'ai vérifié à de multiples reprises avec les enseignants qui se portaient volontaires pour effectuer de l'aide aux devoirs après les cours ou se mobilisaient pour des dispositifs de soutien pendant les vacances comme « l'école ouverte ». Même une famille qui ne maîtrise ni les arcanes du système ni la langue française sait distinguer un professeur qui fait pour elle quelque chose qu'il n'est pas obligé de faire. Le bénéfice en retombe sur l'ensemble de l'institution.

Expérimentations périphériques

La seconde matrice de mes années marseillaises ne se joue pas dans des établissements scolaires mais en périphérie. À force de prêter main-forte à des projets pédagogiques utilisant l'image – la photo d'abord, la vidéo ensuite –, je me suis fait repérer par l'équipe du Centre régional de documentation pédagogique de Lyon. À l'époque, ce réseau des Centres de ressources pédagogiques, aujourd'hui rebaptisé Canopé, attire un curieux mélange de personnels en détresse et de passionnés. Les premiers ont été exfiltrés là pour les éloigner de salles de classe où ils font trop de dégâts ou s'abîment trop la santé. Les seconds n'ont trouvé que ces centres pour innover et expérimenter, dans une Éducation nationale où les initiatives zélées sont aussi mal vues de l'administration et des autorités académiques que des salles de professeurs, où il est souvent préférable de ne pas montrer qu'on est prêt à travailler plus ou autrement.

J'y entre en 1979 et deviens formateur et animateur pour des professeurs qui souhaitent utiliser l'image dans le cadre de leur enseignement. Quatre ans plus tard, je suis appelé à mettre ces compétences au service d'un Centre expérimental installé dans un lycée professionnel, à Istres, dans les Bouches-du-Rhône. Bouleversement complet. Sur le plan personnel : je quitte la Croix-Rousse, ce quartier dont je connais chaque centimètre carré, qui m'a bercé, nourri, formé, vu grandir, me trouver, apprendre mon métier. Sur le plan professionnel : me voici en contact avec de jeunes adultes et avec les problématiques singulières de l'enseignement technologique et professionnel. Je découvre un paysage et des démarches pédagogiques dont j'ignore tout. Une autre façon de définir un parcours d'apprentissage, moins linéaire, où l'on découpe les savoirs et les compétences en « unités capitalisables », des sortes de modules que l'on va imbriquer les uns dans les autres afin de bâtir un édifice.

Ces expérimentations ne sont pas menées pour le plaisir de « faire autrement ». La France, en ce milieu des années 1980, est confrontée à un nombre croissant d'élèves en situation d'échec scolaire, ceux qui n'entrent pas dans le moule du « collège unique », créé en 1976 par René Haby et qui tourne désormais à plein régime. C'est une ironie de l'histoire souvent oubliée : si cette réforme fut menée par la droite, sa mise en œuvre s'est effectuée sur les quatre années que dure la scolarité au collège. Si bien que ses premiers effets se manifestèrent pour l'arrivée de la gauche au pouvoir, en 1981. Comment intégrer dans ces lycées professionnels des jeunes qui se vivent en échec ? Comment les réconcilier avec le plaisir d'apprendre, alors que la seule idée de se retrouver assis et silencieux face à un professeur suffit à leur donner des poussées d'urticaire ?

Istres accueille dans ce centre expérimental des acteurs passionnants et passionnés, dont le travail s'inscrit dans les réflexions de Bertrand Schwartz, l'inventeur des missions locales qui, aujourd'hui, suivent un million et demi de jeunes dans leur accès à l'emploi, mais aussi au logement, à la santé, à la culture et aux loisirs. Je rejoins l'équipe pour tenter de chercher des alternatives via l'utilisation de la vidéo et de l'auto-apprentissage. L'idée est exactement celle qu'on trouve, près de quarante ans plus tard, avec le numérique : certains savoirs et savoir-faire peuvent commencer à s'acquérir de manière autonome, dès lors qu'on parvient à motiver l'élève, à l'engager de manière vivante dans les apprentissages. Nous ne sommes pas très loin de l'idée de la classe inversée, dont on parle tant aujourd'hui avec la montée de l'usage des Mooc (Massive online open courses), les cours massifs en ligne : la leçon est en quelque sorte « apprise » avant le cours, lequel permet de vérifier la solidité des acquisitions et de revenir spécifiquement sur ce qui n'a pas été compris.

À Istres, l'idée est de les former aux emplois des industries chimiques et métallurgiques du golfe de Fos, à 50 kilomètres à l'ouest de Marseille, dans cette zone choisie par les planificateurs gaullistes pour porter le développement du Sud dans les années 1960. La toute jeune Datar (Délégation interministérielle à l'aménagement du territoire et à l'attractivité régionale) en était convaincue : l'installation d'industries lourdes constituerait le meilleur moteur de croissance, puisqu'elle entraîne, en cascade, le développement de toute une dynamique économique. Chacun a alors en tête, de Gaulle le premier, la célèbre formule selon laquelle « si l'argent est le nerf de la guerre, l'acier en est le muscle ». La décision est avant tout politique, comme le rappelle Yves Agnès en 1980 dans les colonnes du *Monde* : *« Bien que l'on sache déjà, à l'époque, que la rentabilité d'une nouvelle usine sidérurgique est liée à l'industrialisation du Sud-Est, et que les effets induits sont pour le moins incertains, l'analyse économique s'efface devant le souci politique. Fos devient "la grande affaire de la nation", surtout pour un Georges Pompidou qui rêve à la fois d'une domination économique sur le bassin méditerranéen, et de laisser à la postérité quelques modernes cathédrales. »*

À Istres, nous avons affaire à une « immigration de l'intérieur », composée notamment des enfants dont les parents sont venus de Lorraine, où les hauts-fourneaux ferment, pour construire les usines sidérurgiques. Il règne une forme d'euphorie. Nous contribuons à l'émergence d'une vie industrielle, économique et citoyenne, là où il n'y avait encore, dix ans auparavant, que marécages et champs de cailloux. Le lycée fait partie de l'aventure, de même que le Centre éducatif et culturel, ce collège innovant dont je m'inspirerai en partie, trente ans plus tard, pour concevoir l'inscription du collège Izzo dans le quartier de La Joliette.

École ouverte

À partir de 17 heures, quand les collégiens ont fini les cours, le bâtiment se mue en conservatoire de musique. La salle de spectacle du collège est aussi celle de la ville. Bibliothèque municipale et Centre de documentation et d'information sont fondus en un seul lieu, accessible aux élèves comme aux habitants. On n'est pas loin des innovations menées aujourd'hui, notamment en Finlande, autour du concept de Saas (School as a service), qui n'enferme pas les élèves entre les murs d'un établissement mais utilise les infrastructures locales comme théâtre des différents apprentissages.

Je ne travaille pas au Centre éducatif et culturel mais le connais intimement : notre fils y est élève. Avec lui j'arpente la rue piétonne qui serpente dans la pinède parsemée de petits modules abritant les salles de classe, sur le modèle des campus américains. Pas de barrières, de grilles, de murs. Quand les élèves n'ont pas cours, ils déposent leur carte dans un tableau pour indiquer où ils sont – au terrain de foot, à la médiathèque, dans la pinède, à la piscine… Éducation à la liberté. Et formidable message de confiance en direction des adolescents, qui le rendent au centuple aux enseignants. Même si, à l'heure de Vigipirate, ce modèle semble durablement périmé, j'en retiens néanmoins l'idée de ce lien étroit entre l'établissement scolaire et son environnement. Le collège doit faire sens dans sa ville, dans sa rue, dans son quartier ; et il ne peut faire sens que si ce n'est pas une forteresse.

Certes, en ce milieu des années 1980, la sidérurgie n'est plus ce qu'elle était, mais les royalties du port tombent toujours sur la ville nouvelle. Ce qui va plomber le futur, c'est le fait que la ville nouvelle disparaît en tant qu'entité forte au profit de la métropole Aix-Marseille, puisque Istres, Fos-sur-Mer et Miramas sont, contre la volonté des élus locaux, absorbés par la métropole, dont la dette va engloutir toutes les ressources.

C'est dans ce contexte que je découvre pour la première fois le collège Manet, dans les quartiers nord de Marseille, où je deviendrai quelques années plus tard principal adjoint. Nous sommes en 1989 et j'ai été appelé à participer à la création du futur Centre départemental de documentation pédagogique des Bouches-du-Rhône, le Conseil général estimant, à l'époque, que le Centre régional n'était pas assez attentif aux besoins spécifiques du département en général, de Marseille en particulier. Me voici en train de faire le tour des locaux inoccupés que la ville ou le Conseil général envisagent de mettre à notre disposition. C'est ainsi que je mets les pieds, pour la première fois, dans le quartier Busserine-Flamants, où sont implantés deux collèges. Manet, engoncé dans une sorte de cuvette, écrasé par les tours environnantes, borde une quatre voies, arbore un monumental portrait du peintre réalisé sur une tôle ondulée qui tente de reproduire l'effet des grands portraits de Vasarely, comme celui de Pompidou dans le hall du centre qui porte son nom, à Beaubourg. Le collège Manet a ouvert le premier. Pythéas, situé sur un promontoire, en bordure de la cité, a suivi de peu. Mais entre-temps, la poussée démographique s'est achevée : les 600 places prévues n'y seront jamais pourvues. Un étage est complètement vacant. Nous nous y installons, avec l'idée d'y créer un centre de ressources informatisé spécialement dédié aux zones d'éducation prioritaire, sorte de base arrière dans laquelle puiseront les vingt-quatre centres de documentation que le Conseil général a décidé d'informatiser.

Comme souvent, on n'est pas prophète en son pays : la documentaliste de Pythéas boude notre centre. Celle de Manet, en revanche, se passionne pour l'expérience et je commence, grâce à elle, à découvrir la réalité des collèges marseillais… et de leurs élèves, que je rencontre lors des ateliers vidéo que nous avons montés. Lorsqu'on m'interroge sur eux, à l'époque, je les décris comme « atrocement vivants ». Ça bouge, ça grouille, ça se chamaille, ça part dans tous les sens. Mais je ne ressens aucune violence. Et une fois installés devant un banc de montage, ils travaillent dur, garçons et filles mélangés, sans que cela pose le moindre problème.

Ce lien direct avec les élèves, j'allais le conserver en devenant, quelques années plus tard, chef d'établissement adjoint. Il est ancré dans toutes ces années de formation et d'expérience. Ce parcours, j'ai craint, un temps, que les professeurs me le fassent payer, du moins qu'il crée une distance. Les relations entre enseignants sont traversées par des clivages invisibles mais bien réels. Ils s'organisent en une hiérarchie fondée sur leur statut, lui-même défini par les concours qui ont été réussis et les ont faits certifiés ou agrégés – le grade suprême. Même si les instituteurs sont devenus « professeurs des écoles » et sont désormais recrutés au même niveau que les enseignants du secondaire, ces anciennes distinctions demeurent. Un autre clivage sépare les enseignants des chefs d'établissement, que j'allais respecter en ne pénétrant que rarement en salle des professeurs, signal symbolique de respect pour leur fonction. Je n'ai pas le souvenir que ces clivages aient pesé. Finalement, c'est plus l'institution qui devait me faire payer mon parcours atypique et mon statut de transfuge du primaire vers le secondaire. Je lui dois, selon toute probabilité, le fait d'avoir terminé ma carrière principal de collège et non proviseur de lycée, comme il est d'usage. Mais chez les enseignants primait la solidarité de corps, la reconnaissance d'un savoir-faire pédagogique, la familiarité à l'endroit de celui qui, lui aussi, avait mis « les mains dans le cambouis ». Enfin, ce parcours allait considérablement m'aider à tisser des relations de confiance avec les écoles primaires des zones d'éducation prioritaire dont dépendaient mes futurs élèves.

C'est donc en instit que j'allais commencer une nouvelle carrière de chef d'établissement, l'instit que j'avais rêvé de devenir, enfant, quand je faisais classe à mes ours en peluche ; l'instit formé à l'École normale de Lyon, sur les Pentes de la Croix-Rousse ; l'instit engagé dans le foisonnement d'innovations pédagogiques portées par les Claudette Mandon et les Simone Briel ; l'instit impliqué dans la vie de la cité – culturelle, sociale, associative ; l'instit que je n'avais jamais cessé d'être lors de mes années dans les centres de documentation pédagogique.

J'allais sortir des marges du système pour entrer en son cœur. Mais sans jamais oublier les vertus de ce que j'appelle « la pédagogie offshore », littéralement « loin du rivage », c'est-à-dire celle que l'on met en œuvre en marge du système, à l'abri des contrôles, comme les riches protègent leurs économies des rigueurs du fisc en les plaçant sur des comptes offshore aux Bahamas.

4

Pédagogue offshore

Rien ne m'irrite plus que les discours défaitistes sur l'école. Je peux la critiquer, durement, d'autant plus durement même que je la connais intimement. Je peux en dénoncer les blocages, les conservatismes, les corporatismes ; je m'y suis maintes fois heurté. Je peux alerter sur l'aggravation de la situation de certains collèges, leur ghettoïsation ; je les ai vécues. Je peux m'inquiéter de la rapidité avec laquelle le religieux a mis sous emprise des territoires entiers, englobant leurs écoles et collèges ; c'est une des principales raisons d'être de ce livre. Mais jamais, jamais, je ne laisserai dire que nous sommes impuissants, que rien ne peut être fait, que tout serait à jeter.

Et lorsqu'il m'arrive, comme tout un chacun, de douter, il me suffit de me remémorer les visages des dizaines d'élèves dont je sais que nous avons changé la vie. Ils s'appellent Linda, Moussa, Milena, Larissa, Anissa… C'est pour eux que des centaines de milliers de personnels d'éducation se lèvent et se battent tous les jours. Pour eux que des agencements institutionnels dont on ne parle jamais, en raison de leur caractère technique, sont déployés. Pour eux que j'écris ce livre.

Permettez-moi de vous les présenter, et d'illustrer à travers eux l'efficacité de dispositifs que l'on peut mettre en œuvre pour renverser la fatalité.

Linda et le théâtre

Voici Linda.

Originaire du Maghreb, élève de quatrième au collège Versailles, brune, forte personnalité. Elle est grande, costaude. Elle passe la rampe, comme on dit au théâtre. Et justement la voici embarquée dans une extraordinaire aventure commencée par la Friche de la Belle de Mai, à vingt minutes de marche du collège. Elle a été inaugurée en 1992 sur le site de l'ancienne manufacture des Tabacs de Marseille – époque oubliée où le cigare marseillais s'exportait dans tout l'Hexagone. Elle accueille artistes, associations et entreprises culturelles. Ses responsables me contactent car ils vont accueillir le dramaturge anglais Edward Bond, autour d'un nouveau texte intitulé *Les Enfants.*

Je connais l'œuvre de Bond, dont je viens de voir au festival d'Avignon une pièce sur le thème de la prison. Son histoire personnelle n'est pas sans lien avec celle de mes élèves : né en 1934 dans une famille ouvrière, il grandit dans un quartier londonien populaire, il traverse la guerre et les bombardements, poursuit une scolarité chaotique jusqu'à être exclu et devoir travailler dès l'âge de 15 ans.

Dans un entretien au *Monde,* Edward Bond évoque l'omniprésence de l'image du mur dans son travail et prononce ces phrases qui résonnent avec ce sentiment d'incarcération que j'ai immédiatement ressenti au collège Versailles : *« L'idée de mur est importante. Ce n'est pas toujours un mur physique, mais un mur dans les têtes, dans les émotions. Les gens créent toujours des prisons pour eux-mêmes, parce qu'il est facile d'être en prison. »* On ne saurait mieux exprimer la dialectique délétère qui se joue dans la tête des jeunes dans un collège comme Versailles et, plus généralement, dans les quartiers. Ils en sont prisonniers, au nom de dynamiques économiques, sociales, urbaines, dont ils sont à l'évidence victimes. Mais ils chérissent aussi ces murs qui les protègent, ces territoires où ils sont maîtres à bord ; Bond le dit aussi des prisons : *« Si vous voulez commettre un crime, l'endroit idéal est la prison. Parce que vous pouvez le faire en sécurité. »*

Les Enfants est un texte récent de Bond, violent, très bref – une petite demi-heure –, qui parle d'une troupe d'enfants errant dans une ville après quelque impossible cataclysme, du type guerre atomique. Ils m'évoquent les orphelins des guerres napoléoniennes que le grand pédagogue Johann Heinrich Pestalozzi déjà cité recueille dans son orphelinat de Stans, une des aventures mythiques de la pédagogie. Ou ceux que cet autre immense pédagogue, Janusz Korczak, accueille dans le ghetto de Varsovie, et qu'il choisira de ne pas abandonner lorsqu'ils seront emmenés à Treblinka, en 1942, où tous mourront – vous avez vu leurs silhouettes traverser quelques films comme *Le Pianiste* de Roman Polanski ou *Au nom de tous les miens* de Robert Enrico.

Si les rôles du père et de la mère sont tenus par des comédiens professionnels, les enfants, pris dans des clubs théâtre amateurs, sont appelés à improviser à partir d'indications données par l'auteur. Le club théâtre de Versailles est pressenti pour jouer à Marseille. Nous voilà embarqués dans ce projet. Nous prévenons les familles que les vacances de février et de Pâques seront dédiées aux répétitions, et que des représentations sont prévues en juillet au festival d'Avignon, sur l'île de la Barthelasse. Le projet est d'une richesse inouïe : deux autres troupes montent le spectacle, l'une en banlieue parisienne, l'autre dans un camp de réfugiés palestiniens, grâce à une ONG québécoise. Et Edward Bond, de passage à Marseille, nous fait l'honneur de nous rendre visite au collège.

Il passe deux heures avec les enfants, qui balbutient leurs quelques mots d'anglais, auxquels le dramaturge répond par ses quelques mots de français, mais tant de choses passent dans cet échange surréaliste ! Je ne sais si mes minots en mesurent le caractère, au sens propre, extraordinaire. Je le leur ai pourtant expliqué : « C'est un peu comme si Molière venait dans un collège. »

Bond se montre d'une gentillesse aussi douce et attentive que ses textes sont crus et violents. Il leur explique pourquoi il les laisse libres de leurs mots, dans le spectacle : « Je ne voulais pas vous écrire le texte à prononcer, parce qu'il fallait que ce soit vous qui parliez. » Les encourage et les félicite : « Vous avez su habiter mon spectacle, vous avez su trouver les mots, le jeu tel que moi je l'imaginais. » Je suis aux anges. Quelle plus belle leçon, pour un pédagogue, que de réussir à mettre les enfants dans une situation où ils vont réussir à s'exprimer, à dire des choses, à se dire.

Est-ce l'effet de la pièce ? La violence envers les enfants qu'elle met en scène ? Le fait d'avoir réussi, justement, à sortir d'elle-même, actrice en herbe, pour dire des choses ? Toujours est-il que Linda débarque quelques semaines après le début de la pièce dans le bureau de l'assistante sociale.

« J'ai beaucoup réfléchi, beaucoup reculé, mais finalement je crois qu'il faut que je vous en parle : on me frappe, à la maison. »

Nous effectuons le signalement, comme toujours dans ce genre de situation, en croisant les doigts pour qu'il ne soit pas trop tard, pour qu'un rappel à la loi suffise à ramener le calme chez Linda, et pour qu'elle ne soit pas placée et retirée du collège. C'est une double peine que vivent souvent les enfants battus et qui me hante à chaque fois : signaler un enfant, parce que nous avons patiemment tissé le lien de confiance qui lui permet enfin de parler, c'est prendre le risque de voir ce lien rompu dans la foulée, sans aucune prise sur ce qui va se passer après. Et sans savoir si, placée dans un nouvel environnement, l'enfant éprouvera cette même confiance à l'égard des nouveaux adultes qui l'entourent. Linda restera avec nous. Et vivra la suite de l'aventure.

Nous sommes en 2003 et les négociations sur le statut des intermittents tournent mal : le festival d'Avignon est annulé. Mes élèves ne réagissent pas trop mal, mais la déception est considérable pour les jeunes Palestiniens. Petit miracle : les intermittents de la Belle de Mai acceptent de se remettre au travail pour une journée spéciale, le 14 juillet. Les familles de nos élèves se mettent en quatre. Le buffet déborde de tagines, de taboulé, de gâteaux gorgés de miel et de fruits secs – comme à chaque fois que les familles sont sollicitées pour cuisiner, il y a une surenchère doublée d'une compétition digne de « Top Chef » ! Même si je n'ai pas le souvenir de discussions politiques, chacun vit cette rencontre comme un moment à part. Dans les boutiques du quartier Saint-Lazare, où se trouve le collège Versailles, il est courant de trouver des troncs destinés à recueillir de l'argent pour la cause palestinienne. Pourtant, le plus fort de ce qui se joue, je le lis dans les yeux des parents qui, à la fin de la représentation, viennent me voir pour me dire : « Je n'imaginais pas que mon enfant pouvait faire cela. » C'est, je crois, le plus beau compliment qu'un parent puisse nous faire.

Moussa et la sixième « espoir »

Voici Moussa.

Nous sommes cette fois au collège Izzo, à La Joliette. Moussa est un petit gamin, tout frisé, tout fragile, d'origine maghrébine lui aussi, élevé par une mère célibataire. Il a redoublé son CP et a failli redoubler son CM2. Il a été orienté en Segpa – ces Sections d'enseignement général et professionnel adapté qui, en collège, accueillent des élèves dont on craint qu'ils ne puissent pas suivre le cours normal des apprentissages. Mais sa mère a refusé, comme la plupart des familles du quartier en pareil cas : cette Segpa est implantée dans un collège des quartiers Nord, ce qui impose vingt-cinq minutes de métro et la traversée d'une cité dangereuse.

Afin d'accueillir ces enfants dans un cadre adapté, même en l'absence de Segpa, nous avions décidé de créer une classe spéciale où les élèves sont pris par groupes de douze, avec en permanence, en plus des enseignants, un assistant pédagogique. L'Inspection académique avait validé d'autant plus aisément que je ne réclamais pour cela aucun moyen supplémentaire.

À condition d'y mettre du sien, n'importe quel principal en zone d'éducation prioritaire peut en faire autant sans qu'il soit nécessaire de renforcer l'autonomie des établissements ou d'accroître significativement les moyens. Les enseignants avaient joué le jeu au-delà de toute espérance. Seuls les cours de français et de mathématiques étaient délivrés selon l'emploi du temps hebdomadaire habituel. Pour toutes les autres disciplines, nous avions procédé à des regroupements semestriels – la technologie au premier trimestre, l'histoire au deuxième, etc.

L'une des idées était d'amortir, pour ces élèves fragiles, le choc du passage d'un enseignant unique à dix ou onze professeurs, avec des disciplines qui s'enchaînent, sans lien entre elles, d'heure en heure. Pour cela, il avait fallu briser un tabou syndical et annualiser en partie le temps de travail de certains enseignants.

Cette mesure, qui constituerait un casus belli fatal à n'importe quel ministre si elle était mise en œuvre au niveau national, était passée. Les professeurs avaient également accepté qu'on oublie le programme. Il ne sert à rien de s'entêter à enseigner l'Égypte des pharaons ou les propriétés implicites des opérations à des élèves qui ne savent pas lire. C'était donc notre priorité. Mais pas question de créer une filière parallèle. Nous étions bien dans le cadre du « collège unique » et nous étions engagés auprès des familles, qui craignaient de mettre leur enfant dans une filière poubelle, à ce qu'ils rejoignent une classe de cinquième classique.

Nous avions baptisé cette classe la sixième « espoir » et l'avions scindée en deux groupes. Celui des « primo-arrivants » était composé d'élèves récemment arrivés sur le territoire, certains de bon niveau scolaire dans leur pays d'origine mais ne parlant pas français. Un autre était formé par des élèves qui avaient suivi toute leur scolarité en France mais ne maîtrisaient toujours pas la lecture, comme Moussa.

Cette classe avait été imaginée par Émeline Balacheff, une professeure d'histoire-géographie formidablement engagée tant comme enseignante que comme citoyenne – elle militait activement dans le Réseau éducation sans frontières et, l'année précédente, avait mené un combat exemplaire, mobilisant tous les professeurs du collège pour défendre un enfant expulsable. C'est elle qui me parle pour la première fois de Moussa. « Je ne comprends pas. Par moments, on sent que ce gamin est bourré de potentiel. À l'oral, il fonctionne bien, sait un tas de choses, participe. Mais dès qu'il prend un crayon en main, c'est la catastrophe. Il s'éteint. » De vieux souvenirs d'enfant et d'instit me reviennent instantanément. Et si Moussa était dyslexique et n'avait pas été identifié ?

À cette époque, le ministère supprime les Rased, ces Réseaux d'aides spécialisées aux élèves en difficulté, composés d'enseignants spécialisés et de psychologues qui permettaient d'épauler les professeurs des écoles confrontés à des pathologies qui ne relèvent pas du scolaire. Dans les quartiers populaires, le dépistage passe exclusivement par ce genre de dispositifs. Personne n'a les moyens, comme dans les milieux plus aisés, de dépenser 200 euros, non remboursés par la Sécurité sociale ni pris en charge par la Couverture maladie universelle, pour faire évaluer un enfant par un bilan neuropsychologique.

Nous montons un projet pour les vacances de la Toussaint avec une association de praticiens qui travaille avec le réseau DysFrance et la FFDys (Fédération française des Dys), qui aide les familles confrontées à tous ces troubles d'apprentissage en « dys », tels que la dyslexie, mais aussi la dyspraxie ou la dyscalculie. Trois tests sont organisés. Non seulement mon intuition concernant Moussa se vérifie, mais trois autres enfants sont détectés. Quant à Moussa, le diagnostic indique une dyslexie très lourde. Restait à convaincre sa maman de l'emmener voir un orthophoniste, deux soirs par semaine, dans un centre médico-psychologique public ; elle n'avait évidemment pas les moyens de le faire suivre dans le privé. La négociation, menée par Émeline Balacheff, fut rude, mais couronnée de succès. Moussa, qui ne savait pas lire à 12 ans, réussit à rejoindre le cursus normal, et à intégrer un CAP à la fin du collège.

Milena, Larissa, et les classes de primo-arrivants

Voici Milena et Larissa.

Nous sommes au collège Versailles, dont le quartier accueille un certain nombre d'hôtels sordides que le préfet loue pour héberger des demandeurs d'asile. Milena et Larissa sont des sœurs jumelles juste arrivées de Tchétchénie avec leur mère. Une femme très élégante, journaliste, s'exprimant dans un excellent français, qui a demandé l'asile politique. Je lui explique que nous avons une classe dédiée aux enfants « primo-arrivants », avec des professeurs spécialistes de l'enseignement du français pour les étrangers (le FLE, en jargon Éducation nationale, pour Français langue étrangère).

En quatre mois seulement, Milena et Larissa atteignent un niveau qui leur permet de rejoindre des sixièmes normales – leur mère a insisté pour qu'elles ne soient pas dans la même classe. Un trimestre plus tard, elles sont chacune première de leur classe. En quatrième, elles intégreront naturellement notre section européenne, réservée aux meilleurs élèves, dont elles seront également têtes de classe, avant de décrocher le brevet avec mention très bien. Ce parcours leur permettra, par dérogation car elles résident toujours dans le quartier, d'entrer au lycée Thiers, « le » lycée d'élite marseillais.

Cette histoire semble simple, presque lumineuse, mais elle illustre deux points névralgiques en termes de politique publique. Le premier est qu'il ne faut pas opposer, dans les collèges de ZEP, l'ambition d'accueillir tous les élèves dans leur diversité et la quête de l'excellence. Pour réussir, nous avons autant besoin de classes de Français langue étrangère que de sections européennes. Notamment pour montrer des images de réussite aux élèves et aux familles – c'est mon deuxième point. Milena et Larissa ne doivent pas seulement leur parcours à leur travail ou à l'aide que leur mère pouvait leur apporter à la maison. Elles le doivent au fait que cette mère projetait ses filles dans un parcours de réussite qui les conduirait aux études supérieures. Ce message est fondamental, et quand la famille, pour mille motifs compréhensibles, ne le transmet pas, il revient à l'Éducation nationale de le faire, de montrer que « ça existe » et que « c'est possible ». C'est à cela que servent, aussi, des classes comme les sections européennes : à amener l'excellence républicaine dans les quartiers.

Une autre histoire, pour illustrer mon propos. Bouleversante.

Anissa, les classes bilangues et le Téléthon

Voici Anissa. Algérienne. Un père employé au consulat d'Algérie, à Marseille. Une mère très digne, très droite, portant un petit voile. J'entends parler d'Anissa pour la première fois avant qu'elle arrive au collège Izzo, par son institutrice de CM2. Nous nous réunissons régulièrement pour améliorer la transition entre école élémentaire et collège, période de tous les dangers pour les élèves fragiles mais aussi moment où les meilleurs élèves nous échappent pour aller vers le privé.

Comment leur vendre ma section européenne, qui ne commence qu'en quatrième ? J'ai créé des classes de sixième et cinquième bilangues espagnol. Sans rien demander à personne, juste en déployant les moyens supplémentaires attribués au collège grâce à son statut d'établissement de ZEP, avec la complicité des enseignants, tout aussi soucieux que moi de rendre le collège attractif et d'éviter la fuite vers le privé. Notre classe bilangue espagnol clandestine est un secret de Polichinelle. Le rectorat connaît son existence. Mais techniquement, elle est illégale. Qu'importe. Avec les instits de primaire, nous repérons les élèves qui, selon nous, ont la capacité de commencer l'apprentissage d'une seconde langue vivante dès la sixième et tentons de « vendre » notre classe bilangue aux familles. Et là, ça coince.

« Bernard, j'ai cette gamine, Anissa. Elle est super, mais elle a un handicap. Une maladie orpheline qui altère la croissance des os de ses jambes, qui grandissent de manière asymétrique. Depuis qu'elle est en maternelle, elle enchaîne les opérations.

— Elle est en fauteuil ?

— En fauteuil après les opérations, puis avec des béquilles, parfois sans rien, puis de nouveau en fauteuil…

— Vous leur avez dit que le collège a un ascenseur ?

— Oui. Ce n'est pas ce qui les inquiète. La petite est souvent absente à cause des opérations. Ils ont surtout peur qu'elle décroche si on la met dans une classe trop exigeante. Mais je suis sûre qu'elle peut y arriver. Il faudrait que vous voyiez la mère. Je n'arrive pas à la convaincre. »

Quelques jours plus tard, je rencontre à mon tour cette maman.

« Anissa n'a rien à perdre. Elle a eu des absences longues pendant toute sa scolarité et s'en est superbement sortie. Ce ne sont pas deux heures hebdomadaires supplémentaires d'espagnol qui vont mettre en péril ses études. Et puis au pire, si ça ne marche pas, on la mettra dans le cycle traditionnel, et elle aura pris un peu d'avance pour sa deuxième langue vivante. Faites-nous confiance. Nous croyons en elle. »

La maman se laisse convaincre et Anissa entre en classe bilangue. Où, comme nous l'espérions, elle réussit.

Quand j'ai entendu, il y a deux ans, que l'Éducation nationale supprimait les classes bilangues, j'ai failli prendre mon téléphone et appeler Najat Vallaud-Belkacem, la ministre, pour lui dire de ne pas y toucher en zone d'éducation prioritaire. Il faut arrêter de se mentir. Ce n'est pas parce que les enfants sont issus de l'immigration, de familles défavorisées, et vivent dans un habitat sordide qu'ils ignorent le fonctionnement du système. Proposer des classes bilangues et des sections européennes atténue la tentation des familles d'inscrire leurs enfants dans le privé. A contrario, les supprimer, c'est accroître encore un peu plus l'échec en ZEP. Une erreur gravissime.

Dans tous les collèges que j'ai dirigés, j'ai tenté, avec les enseignants, de prêter autant d'attention aux élèves les plus fragiles qu'aux bons élèves. Aux premiers, nous proposions des dispositifs de soutien divers et variés, en sixième et cinquième. Pour les seconds nous avions, en quatrième et troisième, cette classe européenne qui leur permettait, bien que venant de ZEP, d'être au niveau en classe de seconde, voire de prétendre intégrer les bons lycées de centre-ville.

L'histoire d'Anissa ne s'arrête pas là. En fin de cinquième, après une période d'hospitalisation assez longue, Anissa et sa maman viennent me voir. C'est la petite qui parle : « Mes copains sont super, ils m'aident quand je suis en fauteuil, quand j'ai mes béquilles, ils me prennent les cours, me donnent les devoirs à faire. Mais moi, j'aimerais pouvoir parler de ma maladie. » Je me tourne vers sa maman, qui est fortement impliquée dans la vie du collège via l'association de parents d'élèves.

« Vous seriez partante pour qu'on organise un événement dans le cadre du Téléthon ? »

Elle l'est ! Et nous voici partis dans une aventure humaine et collective inouïe. Nous contactons la responsable du Téléthon dans notre secteur, qui flashe littéralement sur l'histoire – celle d'Anissa, mais aussi l'idée d'un Téléthon dans un collège défavorisé.

Le jour venu, notre Téléthon de collège se transforme en Téléthon de quartier. Notre classe de chorale est rejointe par celles des écoles avoisinantes, et dès le vendredi les jeunes viennent de toutes parts courir sur notre piste d'athlétisme. À chaque tour effectué, une petite somme est versée, et un ballon aux couleurs du Téléthon est gonflé et stocké dans un immense filet. Les associations et clubs sportifs du quartier effectuent des démonstrations sur le terrain – boxe, escrime…

Nous réunirons, auprès de ces familles dans lesquelles chaque centime compte, plusieurs centaines d'euros. À la fin, c'est Anissa qui coupe le fil libérant les ballons. Nous avons réussi à tisser une trame intime entre une histoire individuelle – la sienne – et des histoires collectives – celles du collège et du quartier.

Ali et la section sportive

Voici Ali.

L'histoire commence ce jour-là, le jour du Téléthon d'Anissa, sur notre piste d'athlétisme, équipement unique dans la ville, mais à laquelle il manque

2,50 mètres pour être homologuée (lorsque le défaut de construction a été découvert, il était trop tard). Les professeurs de sport du collège et moi sommes alors en pleine discussion avec le Conseil général et la Fédération française d'athlétisme pour créer une section sportive au collège Izzo. Avec la culture, le sport est mon autre marotte de chef d'établissement. Il offre à certains élèves une source d'épanouissement et de valorisation irremplaçable.

Lorsque nous organisons le Téléthon d'Anissa, nous sommes en pleine phase de recrutement pour cette section sportive. Nous avons lancé les opérations de détection en CM2 pour constituer une classe de sixième, mais il faut aussi des plus grands et nos élèves ont été informés. Le samedi matin, un gamin se présente à 9 heures sur la piste. Et le voilà qui enchaîne les tours, pendant plus d'une heure, sans fatigue apparente. Les recruteurs du club sportif nous interrogent. « Il va bien rejoindre la section sportive, celui-ci ? » Nous nous regardons, interdits. Personne ne le connaît. Quand il s'arrête de courir, nous allons le voir. Il se prénomme Ali, est d'origine tunisienne, élève dans la même classe qu'Anissa, sa meilleure copine depuis le primaire.

« Je me suis mis un défi : faire le plus de tours possible. Pour elle.

— Et tu n'as pas entendu parler de la section d'athlétisme que nous allons ouvrir ?

— Si, bien sûr.

— Et alors ?
— C'est pas fait pour moi.
— Pourquoi ?
— Je suis nul au 100 mètres. »

Nous lui expliquons que les coureurs de demi-fond et de fond sont également plus que bienvenus, même s'ils devront aller s'entraîner au stade de Luminy, à l'autre bout de la ville. Nous convainquons les parents de le laisser prendre le métro, le soir, après avoir fait ses devoirs, pour se rendre à l'entraînement. Les dirigeants de notre club partenaire, le SCO Sainte-Marguerite, organisent un système pour le ramener en voiture chez lui à 21 heures. L'année suivante, élève de troisième dans notre toute nouvelle section sportive, il ira en finale nationale des compétitions de fond organisées par l'Union nationale du sport scolaire.

J'ai eu récemment des nouvelles d'Anissa et Ali. Elle est étudiante en biologie ; lui, en école d'infirmier.

Linda, Moussa, Milena, Larissa, Anissa, Ali...

Toutes ces histoires ont un point commun : tous ensemble, parents, enseignants, personnels d'éducation, nous avons réussi à dessiner un avenir possible à ces enfants et adolescents ; nous les avons aidés à entrevoir un ailleurs, hors des murs du collège et du quartier ; nous avons redéfini leur ligne d'horizon. C'est, je crois, le service le plus précieux que l'on puisse leur rendre car cette modification de perspective entraîne tout le reste. On ne se met pas au travail, qu'il soit scolaire ou autre, dans le vide. Il faut être porté par un désir – un désir d'avenir.

Je me souviens encore de cette réunion, au rectorat d'Académie, consacrée aux « Cordées de la réussite », un dispositif qui invite les établissements d'études supérieures à se rendre dans les collèges et lycées situés en zone d'éducation prioritaire afin d'inciter les élèves à poursuivre des études après le baccalauréat. Pensant bien faire, le représentant de Kedge, la grande école de commerce marseillaise en partie implantée à Euroméditerranée, se tourne vers moi :

« Nous sommes voisins du collège Izzo. Nous vous proposons d'organiser une aide aux devoirs pour vos élèves.

— Je vous remercie. Mais mon problème n'est pas là : pourrait-on plutôt profiter des liens que vous entretenez avec les grandes entreprises de la région pour en ouvrir les portes à nos élèves, soit pour des stages de troisième, soit simplement pour leur présenter des métiers ? Si nous les aidons à se projeter, ils les feront, leurs devoirs. »

Kedge a joué le jeu et, quelques semaines plus tard, mes élèves de troisième partaient à la découverte des grands employeurs marseillais, caméra en main, avec des étudiants de cette école de commerce.

Les sortir du quartier. Leur trouver des stages de troisième ailleurs que dans l'épicerie, la pharmacie ou la boutique de téléphonie du coin. Les professeurs avaient eux aussi trouvé un truc redoutable. Dans le cadre d'une option de troisième dite de « découverte professionnelle », ils sollicitaient des entreprises pour présenter leurs métiers aux élèves. À la fin de la visite, ils leur demandaient d'accueillir un ou deux élèves en stage. C'est la politique du pied dans la porte. Elle nous a permis d'envoyer des collégiens à la BNP, à la Maif, à l'hôpital européen… Chez EDF, nous avons rencontré une association de femmes cadres baptisée « Les Essentielles », qui s'est engagée à trouver des stages pour nos élèves filles. Et pour que ces expériences aient un impact sur le plus grand nombre, nous ne demandions pas seulement aux élèves le traditionnel rapport de stage écrit mais aussi de réaliser un bref exposé devant leurs camarades.

Un principal de collège dans les quartiers n'est pas seulement dans une logique de protection de son territoire, il est aussi un général en campagne, qui tente de conquérir de nouveaux territoires, géographiques et mentaux.

Enseignants militants

Mais les véritables artisans de ces combats sont les enseignants. Et ma conviction profonde, ancrée dans toutes ces années d'expérience, est que nos collèges regorgent de professeurs prêts à s'investir. Bien plus qu'on ne le croit ou qu'on ne le dit, y compris au sein de l'Éducation nationale.

Combien de fois ai-je vu entrer dans mon bureau des enseignants qui en poussaient la porte avec, si ce n'est un projet, une envie, parfois une vague idée, qu'il suffisait d'endosser pour qu'un nouveau projet voie le jour. Comme M. Guieu, jeune professeur d'éducation physique et sportive, grand baraqué passionné de rugby – à Marseille, le pays du foot !

Il arrive au collège Versailles après un poste en région parisienne. Quelques semaines après la rentrée, il me glisse, entre deux portes. « Là-bas, on avait créé une section sportive. Ça avait changé l'ambiance. » Je sais que de nouveaux financements sont prévus pour ce type de projet dans le cadre de la politique de la ville. Je lui pose la question de confiance : « Vous êtes prêt à monter le dossier ? » Il accepte sur-le-champ. Alors même qu'il n'est pas formé pour, et que ce travail supplémentaire ne trouvera aucune autre reconnaissance que la mienne et celle des élèves. Ni prime, ni heures de décharge : quand un enseignant se lance dans des projets qui excèdent le cœur de sa mission, il y dédie soirées, week-ends, parfois vacances. Il en paie parfois même le prix en salle des professeur où il ne fait pas toujours bon montrer qu'on peut en faire plus pour le même prix… Quelques années plus tard, l'équipe de rugby de la section sportive du collège Versailles participera au championnat de France de l'Union nationale du sport scolaire.

Au collège Izzo, c'est Nadia Mouacine, une professeure d'anglais, qui me confie sa passion pour le chant. Elle a même monté un spectacle sur Édith Piaf qui tourne dans un petit théâtre marseillais. « Je me suis dit qu'on pourrait monter une comédie musicale avec les sixièmes et des élèves de primaire. » Là encore, il suffit de dire « banco », et de traduire le projet en langage institutionnel pour les autorités académiques, ce qui n'est pas si difficile que cela. Ici, nous pouvions à la fois arguer de la politique de liaison entre primaire et collège, et de l'initiation aux langues vivantes en primaire. Cette initiative se concrétisera par *Charlot ou la porte magique*, superbe spectacle conçu à partir d'extraits de comédies musicales américaines, auquel elle intégrera également des élèves handicapés.

Danielle Lescs, elle, enseigne le français. Avec une professeure d'arts plastiques, elle organise un travail autour d'un film, *La Traversée*. Cette traversée, c'est celle qui relie Marseille à Alger. La réalisatrice, Élisabeth Leuvrey, a posé sa caméra sur le ferry, pendant une dizaine de trajets, pour interroger les passagers sur ce que cela signifie « être d'ici et d'ailleurs ». Au lieu d'organiser une rencontre classique avec séance de questions-réponses, elles ont demandé aux élèves de transcrire sous forme plastique ce qu'ils ressentent quand eux-mêmes font la traversée pour retourner au bled. Ceux qui ne l'ont jamais effectuée sont invités à l'imaginer. Tous ont présenté leurs réalisations à Élisabeth Leuvrey et l'échange a été d'une densité extraordinaire. D'autant que la question de l'identité, dans les quartiers marseillais, est extrêmement sensible – bien souvent, les élèves se définissent d'abord selon la cité ou le quartier où ils vivent, puis par la nationalité ou les origines de leurs parents, enfin ils se disent marseillais. La France ? Elle ne va pas de soi, tant s'en faut – il faut les entendre, ces minots nés en France de parents de nationalité française, vous jeter à la figure le dédaigneux « vous, les Français ».

À Versailles, puis à Izzo, c'est Roger Reboul, infatigable et atypique professeur d'histoire, très impliqué dans une association pour la mémoire de la Résistance et de la déportation. Nous sommes de la même génération, est c'est un des rares professeurs que je tutoie. Chaque année il réussit à faire venir un ancien résistant pour parler aux élèves – Lucie Aubrac, ainsi, est venue à Versailles. Et il inscrit ses élèves au concours national de la Résistance. Ce jour-là, quand le cabinet du préfet m'appelle, ce n'est pas pour une affaire de violence ou de voile : le prix départemental du meilleur devoir a été décerné à Nessrine, une élève de troisième de Roger ! Nous sommes en 2015 et le sujet est « 1945 : libération des camps et découverte de l'horreur concentrationnaire, des crimes contre l'humanité et du génocide ».

Le préfet – un futur secrétaire général de l'Élysée – veut s'assurer que la famille viendra.

« C'est la première fois que le prix est décerné à une élève de zone d'éducation prioritaire : il tient à marquer le coup.

— Je comprends. Je vais faire au mieux. C'est une famille discrète. La maman n'est pas toute jeune. Kabyle d'origine. Dans mon souvenir, elle parle un français hésitant.

— Essayez. Il y tient. »

Je rejoins Roger Reboul après la récréation.

« C'est Nessrine qui a eu le prix de la Résistance ! »

L'émotion nous étreint. La larme de l'un autorise celle de l'autre, je ne sais plus dans quel sens.

« Allez, viens, on va le dire à Nessrine. »

La gamine déboule dans mon bureau. Nous lui annonçons la nouvelle. Elle est folle de joie.

« C'est ma mère qui va être contente ! »

J'en profite :

« Justement, je vais l'appeler pour qu'elle vienne à la remise du prix.

— Ça se passe où ?

— À la préfecture. Tu connais ?

— Non.

— C'est un peu impressionnant. De grands salons. Des dorures. Tous les élèves, les familles, on va vous appeler un par un. Il ne faudra pas être trop timide… Ça ira ?

— Oui, oui ! »

Une heure plus tard, sans que j'aie eu le temps de l'appeler, la maman de Nessrine arrive au collège. Je lui fais part de l'invitation officiellement.

« Je viendrai. Je suis fière.

— Le préfet aimerait vous rencontrer avec Nessrine à la fin.

— Juste nous ?

— Juste vous, et sans doute des journalistes, mais après…

— D'accord. »

Le jour de la cérémonie arrive. Le rituel se déroule sous les ors de la préfecture. À part Nessrine, les lauréats sont les habitués des prix et récompenses – collégiens et lycéens des établissements bourgeois, du lycée militaire d'Aix… La mère de Nessrine est tout endimanchée. Vient le moment de la rencontre. Le préfet semble sincèrement heureux. Pour lui, cette récompense vient en encouragement de ce qu'il entreprend dans le cadre de la politique de la ville. Un dialogue surréaliste se noue entre le représentant de l'État et la maman.

« À part Nessrine, vous avez d'autres enfants ?

— Deux autres. Plus petits. »

La discussion s'engage sur l'éducation. Et j'entends cette maman, si discrète, s'enhardir. Elle explique la vie au préfet.

« Vous savez, avec les enfants, il faut être dur. Mon mari est maçon. Il fait les chantiers. Eh bien, c'est dur.

Si on veut que les enfants aient une vie moins dure quand ils seront grands, il faut les tenir. Les miens, ils ne sortent pas dans la rue. Et je les fais travailler. Je n'ai pas été longtemps à l'école mais je sais reconnaître un enfant qui travaille. Un enfant, c'est comme une plante. Pour qu'ils grandissent droit, il faut mettre des tuteurs à certains moments, tailler et enlever la mauvaise herbe à d'autres… »

J'oublie le faste de ce salon Napoléon III dégoulinant de dorures pour goûter le caractère unique de cet échange.

À la sortie, France 3 réalise une petite interview de la maman de Nessrine. La victoire de sa fille devient celle du collège. Je le constaterai à la posture des gamins, qui ont tous vu le reportage, le lendemain matin, en faisant la grille. Les dos, ce jour-là, n'étaient pas voûtés. Les regards portaient au loin et pas sur le bitume. La réussite de Nessrine était aussi la leur. Ils étaient fiers d'être à Versailles.

Nous sommes au collège Manet, dans les quartiers nord. Le service du protocole de la Mairie nous a sollicités pour que nos élèves représentent « la diversité » lors des cérémonies du 8 mai, au pied de l'Hôtel-Dieu. Discours et dépôts de gerbes au programme. Un jour férié à 11 heures, quand les horaires de la RTM (les transports marseillais) exigent des talents d'Indiana Jones pour rallier le centre à partir des quartiers nord.

En tenue choisie – polo blanc, jeans, oui, pour les garçons comme pour les filles, et merci de laisser les tongs à la maison. Le tout avec l'impression de jouer les Benetton de service chargés d'assurer le côté « United Colors » de Marseille pour les caméras et le maire. Je fais le tour des professeurs d'histoire de troisième, et un jeune professeur, Bruno Charrier, donne son accord. « Sur mes deux classes, je vais trouver une vingtaine de motivés. »

Et ça marche. Nous voici de part et d'autre du monument aux morts, avec les anciens combattants, et d'autres élèves, dont ceux du lycée militaire d'Aix. La cérémonie va commencer quand un monsieur vient nous voir : « Je suis le représentant d'une association qui défend la mémoire des homosexuels exterminés dans les camps. Vous savez, le triangle rose… Nous allons déposer une gerbe après la cérémonie officielle. Nous serions heureux que vos élèves et vous y assistiez. » Bref échange de regard avec Bruno Charrier. « Bien sûr que nous restons. » Notre surprise, à la fin de la première partie de la cérémonie, quand nous voyons déguerpir les classes des établissements bourgeois… Mais nous tenons parole.

Cette année-là, l'hommage fut rendu devant des classes venues des quartiers nord. Et Bruno Charrier, pour la première fois, put aborder la déportation et l'extermination des homosexuels de manière sereine avec ses élèves, saisis par le discours qu'ils avaient entendu et la solennité de la cérémonie. Quant à la bonne tenue des élèves, elle me vaudra des sollicitations régulières de la Mairie pour participer aux cérémonies officielles et incarner la dimension bigarrée de la ville de Marseille.

Je pourrais multiplier ces exemples à l'infini. Ils racontent, au fond, la même histoire : tous les élèves recèlent une formidable richesse humaine, trop souvent inexploitée. Quand l'école parvient à en être le révélateur, quand elle les institue comme des êtres humains porteurs de sens, quand elle fait en sorte qu'ils se rendent compte que l'école leur permet d'exprimer ce sens, tout est possible.

Pour combien de temps encore ?

En 2000, au collège Manet, dans les quartiers nord, nous avions monté, en partenariat avec un théâtre, une exposition intitulée « Dessine-moi ton Afrique ». Chaque enfant était invité à contribuer en apportant un objet exprimant « son » Afrique. Nous avions collecté des masques, des tentures, des babouches, des tapis, des plats en terre… Et un coran. Le religieux ne constituait alors qu'un aspect de la question identitaire.

Quinze ans plus tard, il avait tout envahi.

5

Imam de la République

Nous nous sommes trompés.

Je me suis trompé.

De bonne foi, mais cela ne change rien au résultat.

Longtemps, trop longtemps, nous avons pensé que la meilleure façon d'adresser un message positif aux élèves et aux familles consistait à recruter des jeunes du quartier – les fameux « grands frères ». Le raisonnement se tenait. Ces jeunes adultes nous semblaient les mieux placés pour trouver les mots qui éviteraient aux adolescents de tomber dans les mêmes travers qu'eux au même âge. Plus généralement, nous espérions que l'intégration du tissu associatif local à la vie du collège permettrait de créer des ponts, de mettre du liant. J'avais vu ces liens fonctionner, plutôt bien, dans les quartiers nord.

Cela allait changer.

À peine arrivé au collège Versailles, je constate que les associations d'aide aux devoirs qui approchent le collège sont d'obédience religieuse. Pas forcément musulmane : la première à se manifester s'appelle « les Petits Frères de Saint-Vincent-de-Paul » et œuvre dans les quartiers défavorisés. Quelque temps plus tard, une autre association se présente, dont l'objet tourne autour des « amitiés franco-comoriennes ». Je sens des personnes beaucoup plus volontaires, mais surtout désireuses d'entrer dans l'établissement : elles me demandent s'il est possible de prêter les locaux le soir. La requête est inhabituelle pour moi. Dans les quartiers nord, nous travaillions avec une autre association franco-comorienne, mais elle intervenait à la Maison pour tous – une maison de quartier – dans le cadre de la politique de la ville.

Le bon Dieu sans confession

Je me méfie. Mais je n'oppose pas de refus a priori. Il n'existe alors aucun dispositif d'aide aux devoirs à Versailles, et je sais combien cela peut compter. J'accepte de recevoir un membre de l'association. C'est un jeune homme d'une vingtaine d'années, d'origine comorienne, qui débarque en jeans et chemisette dans mon bureau, quelques jours après la rentrée. Sympa. Très sympa. Je lui aurais donné le bon Dieu sans confession. Malgré ma légère euphorie, je temporise. Une petite voix intérieure me demande pourquoi, alors que je traîne mes guêtres depuis dix ans à Marseille, je n'ai jamais croisé cette association lors d'une des innombrables réunions liées à la mise en œuvre de la politique de la ville.

J'ai aussi entendu parler, incidemment, d'une association qui travaille dans le quartier. Elle s'appelle El Nour (« la lumière », en arabe). Celle-ci ne cherche pas à se rapprocher de nous, mais je reçois la candidature d'un jeune homme qui en fait partie. Nabil. Il souhaite se faire recruter comme emploi-jeune chez nous. Lui aussi me fait une excellente impression. Mais pour des raisons administratives, je dois repousser le recrutement.

Trois mois plus tard, une jeune professeure d'histoire-géographie déboule dans mon bureau à la récréation de dix heures. Fébrile.

« Monsieur le Principal, pardon de vous déranger, je viens de vivre quelque chose de grave. »

Je pense immédiatement insulte, menace, coups…

« Entrez, mademoiselle, entrez. »

La porte du bureau est à peine fermée quand elle s'effondre en larmes.

« Je crois que je me suis trompée. Je ne suis pas faite pour ce métier…

— Que s'est-il passé ?

— C'était pendant le cours d'instruction civique des cinquièmes. Le cours sur les droits de l'homme. Mustapha a pris la parole…

— Mustapha… Celui qui est plutôt bon ?

— Oui. Enfin, pas mauvais. Et là, il explique, soutient et argumente que l'homme et la femme ne sont pas égaux, qu'il est normal de lapider une femme adultère, tout comme de couper la main d'un voleur…

— J'imagine que vous avez réagi.

— Bien sûr ! Je lui ai demandé pourquoi il disait cela, que ce n'est pas dans la loi, que de telles pratiques remontent – et encore – au Moyen Âge…

— Et ça n'a pas suffi ?

— Non ! Il a continué. "Mais si, c'est vrai, c'est comme ça qu'on fait, c'est dans le petit livre qu'on m'a donné à la mosquée."

— Quel petit livre ?

— Je l'ignore.

— Bon. D'abord, j'aimerais que vous soyez certaine que vous n'y êtes pour rien, que vos compétences ne sont en rien mises en question. En revanche, il faut absolument que nous récupérions ce livre, s'il existe. Accepteriez-vous de reprendre l'échange avec Mustapha et d'obtenir qu'il vous montre ce livre ?

— Je vais essayer. »

Le petit livre

Quelques jours plus tard, nous avons le livre entre les mains. Une vingtaine de pages, couverture beigeasse, format poche, que nous nous empressons de photocopier. Sa lecture va nous faire tomber de nos chaises.

Extraits.

« *Celui qui croit que les directives des autres sont plus justes et plus complètes que celles du Prophète (Paix et Bénédiction d'Allah sur lui), tout comme ceux qui préfèrent la loi des fausses divinités (Taghout) à celle du Prophète (Paix et Bénédiction d'Allah sur lui) : tous ceux-là sont des mécréants.* » Pour que le message ne souffre d'aucune ambiguïté, le livret met les points sur les *i* et détaille les crimes de ces mécréants. Croire que « *les régimes et les législations établies par les hommes sont mieux que la législation (Charia) de l'Islam* ». Croire que « *le régime islamique est incompatible et ne convient pas au XX*e *siècle* ». Croire que « *l'Islam est la cause de l'arriération et du sous-développement des musulmans* ». Dire que « *l'application de la législation islamique concernant les peines légales, telles que l'amputation de la main du voleur ou la lapidation de l'adultère marié, n'est pas conforme aux mœurs actuelles modernes* ». Croire qu'il est « *possible d'appliquer, à la place de celle d'Allah, une législation établie par les hommes, afin de régler les différends pour imposer des peines ou autres, même si l'on croit que celle d'Allah lui est préférable : ces gens autorisent ce qu'Allah a interdit* », ils sont « *impies selon l'avis unanime des exégètes musulmans* ». Lesquels exégètes tiendront pour « *mécréant et impie quiconque autorise ce qu'Allah interdit* [...] *: l'adultère, les boissons alcoolisées, l'usure* *et le jugement selon des lois autres que celles qu'Allah a imposées* ». Sont encore interdits le fait de « *tourner en dérision* [...] *Allah, Son Livre, Son Prophète (Paix et Bénédiction d'Allah sur lui) ou quoi que ce soit ayant trait à sa religion* », la conversion à une autre religion, ou « *le fait de ne pas étudier et pratiquer ces préceptes* ».

Nous sommes atterrés. Je lui rends le petit livre en lui demandant d'essayer de savoir comment son élève se l'est procuré. Elle revient me voir à l'heure du déjeuner. Les larmes baignent ses yeux.

« Il vous a dit ?

— Oui. Ça vient de la mosquée d'Abdel.

— Abdel... notre surveillant ?

— Oui. »

Abdel. Toujours propre sur lui. Habillé à l'occidentale. Physique sec. Petite barbiche bien taillée. Extrêmement poli. Je n'ai qu'à m'en féliciter. Bien que d'un tempérament solitaire, il s'est imposé parmi le petit groupe de surveillants sur lesquels je m'appuie dans les circonstances les plus délicates. Il sait « tenir » une permanence avec 50 élèves sans que cela bronche. Est toujours partant pour remplacer un collègue absent. Pour tout dire, c'est mon meilleur surveillant.

À cet instant, jaillit néanmoins de ma mémoire ce jour où je l'ai croisé dans le quartier au sortir d'une mosquée, calot sur la tête, en gandoura blanche. J'avais chassé cette image. Il s'habillait pour aller prier, ce n'était pas mon affaire. Je ne soupçonnais pas qu'il puisse y avoir, chez lui, une porosité entre ces deux mondes, celui du religieux et celui de sa vie civile. Me revient aussi le fait qu'il n'embrassait pas ses collègues de sexe féminin. Là aussi, je n'avais pas fait attention, imputant à son caractère solitaire ce que je prenais pour de la timidité. Tout prend sens ce jour-là et, dès lors, je n'ai aucun doute : c'est lui qui a introduit le livret dans le collège. Le loup est dans la bergerie.

Nous décidons, avec l'enseignante qui a découvert le pot aux roses, de ne pas ébruiter l'affaire. En revanche, j'alerte le rectorat. Qui me fait appeler le lendemain par le proviseur « vie scolaire », chargé de régler ce genre de questions. Le dialogue est surréaliste.

« Merci de nous avoir informés. Mais on ne peut rien faire.

— Pardon ?

— Ce monsieur a signé un contrat. Il est titulaire pendant six ans.

— On peut au moins le déplacer dans un établissement où son prosélytisme fera moins de dégâts qu'auprès de collégiens de ce quartier ?

— Non. Sauf si vous réussissez à le prendre la main dans le sac. Bon courage. »

Je raccroche et appelle le commissaire du 3e arrondissement, avec qui j'entretiens des relations de confiance – entre les problèmes de délinquance et les tentatives de cambriolage régulières, nous avons appris à nous connaître.

Je lui explique la situation et lui demande s'il a déjà entendu parler de la mosquée que fréquente mon surveillant.

« Hou, là, là ! Cela fait trois ans que je suis dans le quartier… Des mosquées, il en ouvre une tous les deux mois… Je n'y comprends rien… Mais je connais deux personnes qui pourront vous aider. Je les préviens. »

Une heure plus tard, mon téléphone sonne. À l'autre bout du fil, une fonctionnaire des RG, les Renseignements généraux.

« Le commissaire du 3e arrondissement m'a contactée. Je peux vous expliquer les mosquées du quartier, mais il vaut mieux qu'on se rencontre. »

Renseignements généraux

Nous voici donc, mon adjointe et moi, le mercredi après-midi suivant, rue d'Arménie, siège marseillais de notre défunt service de police politique, un hôtel particulier sans signe distinctif à l'extérieur, non loin de la préfecture. Nous présentons nos papiers et sommes guidés jusqu'au 3e étage, dans cet immeuble aussi élégant de l'extérieur que tristement administratif et un peu inquiétant à l'intérieur : couloirs, murs, portes, tout est gris, et les bureaux ne sont ni numérotés ni identifiés. Un vague malaise me saisit, de me voir dans cette posture, allant prendre anonymement des renseignements sur des citoyens, auprès de la police. Mais déjà l'officier chargé de surveiller les cultes nous accueille. Une femme, proche de la retraite. Je lui tends la photocopie du petit livre.

Un simple coup d'œil sur la couverture lui suffit.

« C'est bien ce que je pensais. Je connais ce fascicule. Il a été imprimé en Arabie saoudite. Sa diffusion a été explicitement interdite en France, au titre de la protection de la jeunesse. »

Je l'interroge sur la mosquée de notre surveillant.

« Je vais vous en parler, mais laissez-moi vous faire une petite cartographie des mosquées du quartier. »

Elle se tourne vers une carte accrochée au mur et parsemée de pastilles de différentes couleurs, et commence son explication. Ici, les Comoriens, un imam plutôt salafiste. Là, les Algériens, c'est plutôt tranquille… Elle arrive à la mosquée que fréquente Abdel. « Elle relève du mouvement Tabligh. Vous connaissez ? » Pas plus que ça. « C'est un mouvement qui a été lancé dans les années 1930, au Pakistan. Un peu l'équivalent des Frères musulmans. Ils sont piétistes. Leur objectif est de réislamiser le peuple. Comme les témoins de Jéhovah. Leur créneau, c'est de s'occuper des familles. » Comment ? « Ils ont des services de secours mutuel, ils aident au rapatriement des défunts pour les enterrements… Mais leur vrai truc, c'est de harponner les familles par le truchement de l'aide aux devoirs. Votre mosquée, par exemple, a créé une association à cette fin. El Nour. Ça veut dire… » La lumière. Je sais. En un clin d'œil, les pièces du puzzle se mettent en place. La candidature de ce Nabil qui intervient à El Nour, forcément téléguidée par Abdel. J'en profite pour parfaire ma connaissance de ce milieu associatif qui gravite autour du collège.

« Nous avons aussi été contactés par une association des "amitiés franco-comoriennes" pour l'aide aux devoirs. Elle est dans votre viseur ?

— Ah oui, on la connaît bien. Celle-ci dépend d'une des mosquées du boulevard National.

— Tabligh ?

— Non. Salafiste. C'est celle de l'imam Doudi. »

Lui, on le connaît. Son fils est au collège. On comprend désormais pourquoi il refuse de parler à notre conseillère principale d'éducation.

Touche par touche, dans ce bureau des Renseignements généraux, le tableau se dessine. Nous découvrons que plusieurs dizaines de nos élèves, via leurs familles, sont pris dans les rets de mosquées qui prônent une vision radicale de l'islam. Et Abdel ?

« Vous avez son nom de famille ? »

Je sors sa fiche, avec tous les détails dont nous disposons. Elle passe un coup de fil puis glisse la feuille dans son fax. Dix minutes après, un de ses collègues entre dans le bureau et lui tend un dossier.

« Ah, oui. Ce monsieur est connu de nos services. Il est sous surveillance depuis six mois. »

On dirait aujourd'hui qu'il est fiché S.

La boucle est bouclée. Nous sortons sur le trottoir de la rue d'Arménie. Groggy. Priorité : garder le secret sur notre démarche et sur ce que nous avons appris. Si cela s'ébruite, les religieux auront le temps d'organiser leur défense. Or, les nouvelles vont vite dans le collège comme dans le quartier, et si nous doutions de la porosité des deux univers, nous venons de vivre un violent choc de réalité. Nous soupçonnons d'autres surveillants du collège d'être au courant du prosélytisme d'Abdel. Pas question de les laisser savoir que nous savons.

Le lendemain, notre nouveau fax au rectorat ne suscite pas plus de réactions que le précédent. Nous sommes seuls. Nous nous donnons les vacances d'hiver pour y réfléchir – nous sommes alors en février. Au retour, l'idée naît d'utiliser le 8 mars, journée internationale des droits des femmes, pour monter une grande opération qui, sans mentionner aux élèves le petit livre ou les « enseignements » délivrés dans les associations d'aide aux devoirs, marquera notre territoire à nous, affirmera la primauté des lois de la République, en général et dans le collège. Nous convoquons les enseignants et leur montrons le livre, sans leur dire comment nous nous le sommes procuré. Certains surveillants assistent à la réunion, mais – et c'est un hasard – pas Abdel. La réaction des professeurs est unanime. Tous sont prêts, chacun dans sa classe, à trouver une façon de marquer qu'une fille est l'égale d'un garçon. L'opération coup de poing est actée.

Le lendemain matin, Abdel est dans mon bureau.

« Monsieur le Principal, je voulais vous demander l'autorisation de me mettre en disponibilité. J'ai la possibilité d'aller faire un stage linguistique à Malte. »

Où a-t-il été chercher Malte, terre chrétienne s'il en est ? Je ne le saurai jamais. Mais, à l'évidence, il a été informé qu'il avait été découvert. Instruit par le cours de Tabligh pris chez les RG, je devine pour ma part qu'il s'apprête plutôt à partir dans une madrasa – une école coranique –, sans doute au Pakistan, étape classique pour les meilleurs éléments du mouvement. Je joue vaguement la comédie.

« Ah ! mais une disponibilité comme ça, en milieu d'année… Il y a des procédures, des délais… Je vais voir ce que je peux faire mais je ne vous promets rien… »

Il me rétorque, dans le blanc des yeux :

« Je vous fais confiance. Je sais que vous vous entendez très bien avec les autorités. »

Quel était alors son degré d'information sur mes démarches ? Cela non plus, je ne le saurai jamais, mais je suis trop ravi de le voir déguerpir. Cette fois, j'écris directement au cabinet du recteur pour que la demande ne soit pas bloquée par les échelons intermédiaires. La réponse me parvient dans les deux heures. Assortie d'un commentaire qui, rapporté à l'inaction de l'académie dans cette affaire, me laisse pantois : « Bon. L'affaire est close. On s'en est bien sortis, n'est-ce pas ? »

Abdel quitte le collège. Je ne recrute pas son copain Nabil de l'association El Nour.

Quelques semaines plus tard, l'inspecteur d'Académie adjoint m'appelle, avec des airs de grand conspirateur.

« Monsieur le Principal, pour votre affaire de surveillant, je crois que j'ai des informations qui vont vous intéresser...

— Lesquelles ?

— Non, non, pas au téléphone. Passez me voir... »

Je file à l'Inspection académique, située à dix minutes du collège. Il me remet un rapport que le préfet a transmis au recteur. Ce rapport se base sur une note anonyme des Renseignements généraux – ce qu'on appelait alors les « notes blanches ». *« Les services de renseignements m'ont signalé que dans un collège du centre-ville de Marseille, ils ont été alertés par son principal qu'un surveillant, qui était suivi par leurs services, était suspecté de faire du prosélytisme... »* Ni le nom du collège, ni celui du principal n'apparaissent, mais les détails sont suffisamment précis pour que cela ne fasse aucun doute : cette note parle d'Abdel et du collège Versailles. Ma venue aux RG les a enfin décidés à alerter l'Éducation nationale de la présence d'un surveillant au profil douteux. Cette dernière, incapable de faire « 1 + 1 = 2 » m'alerte sans avoir compris que la note parle de moi, et de faits dont j'ai pourtant dûment informé la hiérarchie !

Impuissance institutionnelle

Je découvre l'ahurissante étanchéité qui règne au sein des services de l'État. Les RG qui ne songent pas à prévenir l'Éducation nationale quand ils identifient un individu potentiellement dangereux. Le cabinet du recteur qui ne pense pas à signaler à l'inspecteur d'Académie adjoint l'issue d'une affaire. À l'arrivée, une impuissance institutionnelle délétère.

Je retiendrai la leçon quand, trois ans plus tard, alors principal au collège Izzo, je découvrirai une autre association d'« aide aux devoirs » baptisée « La Plume de la vie ». Elle est installée dans un ancien local commercial situé à mi-chemin d'Izzo et de Versailles à la sortie du métro Désirée Clary, à côté de la pharmacie qui fit office de refuge des enseignantes de Versailles agressées pour s'être promenées en jupe. En fin de journée, par la vitrine, on voit des élèves travailler. Sous la houlette d'une jeune femme toute de noir vêtue et ostensiblement voilée. Une brève recherche sur internet confirme mes craintes. Le site de l'association prône la pratique d'un islam rigoriste. La section consacrée à l'éducation insiste notamment sur le fait que les filles doivent pouvoir porter le voile en classe.

Instruit par l'expérience, je pars du principe que l'information n'a pas circulé et alerte sur-le-champ l'inspecteur d'Académie. C'est un nouveau. Bien plus sensible à ces questions que son prédécesseur. Il a découvert que les demandes de cofinancement d'associations soumises dans le cadre de la politique de la ville – ce qu'on appelle le Développement social urbain – étaient validées par une chargée de mission isolée dans son bureau du 7e étage de l'Inspection académique. L'information ne redescendait jamais au rez-de-chaussée, encore moins sur le terrain.

Je me dis qu'il serait dans l'intérêt de tous qu'on lui dessille les yeux :

« Monsieur l'Inspecteur, mes collègues et moi savons que la politique de la ville sert à financer des associations qui ne partagent pas les valeurs de la République… Des associations qui se disent culturelles mais sont en fait cultuelles. »

Je lui raconte l'histoire du petit livre. À mon grand étonnement – et plaisir ! –, il mesure sur-le-champ la gravité de la situation. Et, quelques semaines plus tard, réunit la douzaine de chefs d'établissement concernés par ces tensions pour, confidentiellement, nous transmettre le tableau des demandes de financement d'associations formulées dans le cadre de la politique de la ville sur lesquelles le préfet lui demande un avis au titre du ministère de l'Éducation nationale.

Stupéfaits, nous découvrons que nos collèges sont mentionnés comme terrains d'intervention par certaines de ces associations, alors même que nous n'en avons jamais entendu parler. Visiblement, les fonctionnaires qui leur octroient des subventions ne savent pas se servir d'un moteur de recherche ou, pire, n'ont même pas l'idée de vérifier à qui elles attribuent des subsides. Pour preuve, lorsque nous signalons ces faits à la représentante du préfet chargée de la politique de la ville sur le secteur, elle tombe des nues. Puis baisse les bras :

« La seule chose qu'on peut faire, c'est demander la fermeture si les locaux ne sont pas aux normes de sécurité.

— Et ce prosélytisme religieux ?

— Si l'association n'est pas signalée par l'observatoire des sectes, on ne peut rien entreprendre. En matière de protection de la jeunesse, nous ne disposons que de deux armes : la mise en danger physique, ou le risque d'emprise sectaire. En dehors de ces cas, nous sommes impuissants.

— Vous pourriez au moins arrêter de les financer !

— Oui, et nous allons le faire. C'est d'autant plus facile que la loi ne nous impose pas de justifier un refus de subvention. Mais elles pourront continuer à œuvrer si elles trouvent des financements ailleurs. »

À peu près à la même période, j'entendrai de nouveau parler d'Abdel. Après trois années de mise en disponibilité, il souhaite profiter des deux années de contrat de surveillant qui lui restent et que l'Éducation nationale, légalement, lui doit. Là encore, pas question de trancher dans le vif, même si je sais qu'il n'est jamais parti à Malte comme il l'avait annoncé : à plusieurs reprises je l'ai croisé dans le quartier, toujours barbu, avec une épouse voilée, plutôt long, et des enfants. Le conseil qui m'est demandé ne porte pas sur son éviction mais sur ce que nous pourrions lui proposer. « Qu'est-ce qu'on en fait ? » On est dans ce que les Américains appellent le « *damage control* » – la limitation des dégâts –, pas dans la résolution des problèmes. Je conjure de ne pas le renvoyer en collège, et suggère de l'envoyer soit au lycée d'altitude de Briançon, qui relève de l'académie d'Aix-Marseille, et où il ne risque pas d'islamiser les élèves, soit dans un lycée chic des quartiers sud de Marseille. Ce qui fut fait. Si bien qu'il achèvera sa carrière au lycée Daumier, un des plus élitistes et le plus huppé de nos lycées publics, après le célèbre lycée Thiers.

Pour ma part, je suis pour toujours revenu du fantasme des « grands frères ». Au collège Izzo, je vais soigneusement mêler les populations de surveillants et d'assistants d'éducation, veillant à avoir autant de jeunes issus des quartiers que de jeunes venus d'autres milieux.

Tout cet épisode du « petit livre » m'a néanmoins profondément bousculé, me plongeant dans un état de doute et d'insécurité qui ne m'a plus jamais quitté.

Comment faire son travail quand on n'a plus la main ? Quand l'institution dont on dépend se révèle totalement impuissante à aider à y voir clair ? Sans le travail accompli par Jean-Pierre Obin, mon ami inspecteur général, je n'aurais jamais tenu. C'est lui qui, en couchant sur le papier une réalité sur laquelle je n'avais plus prise, m'a donné l'espoir qu'il restait un peu de lumière dans la maison, qu'on pouvait ne pas désespérer totalement de l'institution. Pour filer la métaphore religieuse, il avait en quelque sorte obtenu la confession du collège face à l'institution – confession qui ne valait pas absolution mais reconnaissance des péchés.

Je n'avais pas rêvé. Je n'étais pas seul à voir et à savoir. Mais nous étions isolés et, je le crains, inaudibles… Je ne jette pas la pierre au rectorat d'Académie. Ses responsables n'avaient simplement pas le bon logiciel pour comprendre. Contrairement aux RG qui, à l'époque, étaient les seuls à avoir les clés d'analyse.

Renouer avec les Lumières

Nous avons aussi été victimes de notre crainte d'attiser les tensions. Parler de tous ces phénomènes, c'était courir le risque de flirter avec l'islamophobie, a minima d'en être suspecté, et cela heurtait mes convictions comme celles de bien des acteurs du système éducatif.

C'est pour cela que je me suis concentré sur la promotion de l'égalité entre garçons et filles et sur le respect scrupuleux de la loi concernant le port de signes religieux. Deux territoires sur lesquels ne plane aucune ambiguïté, sur lesquels notre légitimité est entière et incontestable, sur lesquels on peut lutter avec des arguments et critères objectifs. Éviter à tout prix le divin. S'ancrer dans la raison. Les Lumières. Renouer avec l'esprit de l'école du siècle précédent, ces années 1905-1914 aujourd'hui gommées de la mémoire collective, au cours desquelles l'école avait eu à imposer la laïcité contre l'Église catholique.

Les derniers survivants de ce combat tellurique sont morts, et la mémoire s'est effilochée sans se transformer en histoire : qui se souvient de l'extraordinaire violence de la bataille ? Il avait fallu, déjà, sortir le religieux de l'école en se battant pied à pied. Opposer à l'autorité pluriséculaire du curé celle de l'instituteur, à qui l'institution demandait alors autant de tenue et de rigueur morale, sinon plus qu'au prêtre. Un siècle plus tard, au sortir de l'affaire du « petit livre », une fois paru le rapport de Jean-Pierre Obin, je n'en doute plus : ce que l'on croyait acquis ne l'est plus. Plus du tout.

L'obscurantisme est de retour. Des enseignants de sciences de la vie et de la Terre doivent de nouveau s'opposer à la contestation des thèses de l'évolution de Darwin par des élèves imbibés de sornettes créationnistes

– un mouvement qui, ironiquement, est tout autant porté par des musulmans radicaux que par des chrétiens intégristes aux États-Unis. Des enseignants de philosophie se voient jeter Voltaire à la figure. Des enseignants d'histoire se voient interdire par des élèves de parler de l'histoire du monde arabo-musulman faute d'être, eux-mêmes, musulmans. Des professeurs originaires d'Afrique du Nord sont présumés musulmans par les élèves et sommés, à ce titre, de faire le ramadan ou de ne pas fumer, quand bien même ils ne sont pas croyants. Sans qu'aucun ne soit armé pour répondre à ces remises en questions essentielles, en tout cas sans qu'ils y aient été préparés ni qu'ils en aient été prévenus.

Tout ceci sur fond d'antisémitisme exacerbé. L'enseignement de la Shoah devient source de tensions inouïes, les élèves amalgamant les Juifs de 1940 et la politique israélienne contemporaine à l'endroit des Palestiniens de Gaza et de Cisjordanie pour en conclure que « la Shoah, ça va bien aux juifs » ou que « Hitler a bien fait ».

Je ne suis ni mieux préparé ni mieux armé que les enseignants.

Lorsque j'étais principal du collège Versailles, une femme s'était présentée à moi. Elle venait d'arriver dans le quartier, en provenance d'Israël, et voulait inscrire son fils dans le collège.

Je le rencontre. Autant le français de sa maman est bon, autant celui de son fils, qui a grandi là-bas et effectué sa scolarité en hébreu, est hésitant. Il va falloir que je l'inscrive dans ma classe de primo-arrivants afin qu'il suive des cours de français langue étrangère. À peine aura-t-il baragouiné deux mots avec son accent à couper au couteau que les autres lui demanderont d'où il vient. S'il dit la vérité, il se fera laminer. Je n'ai aucun doute là-dessus : interrogés quelques mois plus tôt par Édouard Zambeaux, un journaliste de RFI venu en reportage au collège, sur leurs relations avec les juifs, des élèves ont répondu : « Il n'y en a pas. Et s'il y en avait, ils seraient obligés de se cacher. » Je ne veux pas prendre de risque, encore moins en faire prendre à ce garçon. J'interroge sa mère, sans cacher les raisons de mon embarras :

« Avez-vous songé à l'inscrire au collège privé juif ?

— À Yavné ? Oui. Mais il n'y a plus de place. »

Je prends mon téléphone devant elle. Le collège confirme. Il me faudra activer des amitiés personnelles pour atteindre un élu marseillais issu de la même communauté afin de le sensibiliser et d'obtenir une dérogation.

Je l'assume : ce jour-là, une fois encore, j'ai agi en directeur d'ONG, parant à l'urgence qui me semblait la plus vitale, et pas en principal de collège investi de la mission de défendre des valeurs républicaines qui, en l'état, ne m'auraient pas permis de garantir la sécurité de cet adolescent dans mon collège musulman à 95 %, chauffé à blanc tous les soirs via les télévisions par satellite arabes vouant aux gémonies Israël, les juifs, et la France coupable d'interdire le port du voile aux élèves.

Être obligé de refuser un élève juif, faute de pouvoir le protéger au quotidien.

Devoir faire protéger mes enseignantes par la BAC pour qu'elles puissent rentrer chez elles sans se faire agresser.

Savoir, impuissant, que mes professeurs sont dans une négociation constante entre leurs consciences morale et professionnelle quand ils abordent certains chapitres essentiels des programmes.

Constater que la police est parfois une meilleure alliée que la hiérarchie pour m'aider à tenir la boutique.

Avouer son impuissance institutionnelle face aux forces qui avaient conquis le territoire.

Le « bon arabe »

Encore un exemple, qui en dit long.

Cela se passe au collège Versailles où, comme je l'ai déjà indiqué, une de mes obsessions est de tenter de capter les bons élèves de CM2 afin qu'ils ne filent pas dans le privé. Un directeur d'école me souffle une idée qui me semble avoir la force de l'évidence. « On a une centaine d'enfants qui suivent des cours d'arabe – dans le cadre de ce qu'on appelle les Elco, les Enseignements de langue et culture d'origine.

Ils doivent arrêter en collège. Pourquoi ne pas les fidéliser en créant un enseignement de langue vivante 2 en arabe au collège Versailles ? » Je contacte l'inspecteur pédagogique d'arabe, qui rebondit sur l'idée :

« Avec une LV2, vous allez passer à côté de l'objectif. Comme elle ne commence qu'en quatrième, l'argument risque d'être insuffisant pour les convaincre de venir chez vous. Mais surtout, le seul lycée qui offre de l'arabe en LV2 est un lycée technique. Pour eux, choisir LV2 arabe impliquera de renoncer au lycée général.

— Effectivement, ce n'est pas l'effet recherché... Mais alors, soutiendriez-vous la création d'une classe bilangue arabe dès la sixième, qui déboucherait sur de l'arabe en LV3 en quatrième pour ceux qui veulent une autre LV2 ?

— Banco ! »

Nous montons le projet la fleur au fusil et commençons à faire le tour des écoles primaires du secteur afin d'identifier les meilleurs élèves inscrits en Elco. Nous organisons une réunion avec les familles, en juin, pour leur présenter cette nouvelle classe. Déception. Sur les 24 élèves nécessaires à l'ouverture de la classe, seule une dizaine a répondu à l'appel. Je veux en avoir le cœur net. Une famille du quartier, que je connais bien, a déjà deux enfants au collège – deux filles, brillantes –, et leur frère est en CM2. Un soir de juin, je croise le père.

« Votre fils, il ne va pas aux cours d'arabe à l'école ?

— Si ! Le professeur dit même que c'est le meilleur.

— Vous n'avez pas entendu parler de la classe bilangue que nous créons ?

— Si, si…

— Et pourquoi ne l'inscrivez-vous pas ? Vous avez peur que ce soit trop de travail ?

— Non, non…

— Vous savez, s'il est bon élève il y arrivera.

— Je sais… Écoutez, monsieur Ravet… Personne n'ose vous le dire mais je vais le faire. Vous n'aurez quasiment personne dans votre classe.

— Pourquoi ?

— L'imam nous a dit que vous n'allez pas enseigner le bon arabe.

— Le bon arabe ?

— L'arabe de la religion. Celui que l'imam enseigne à l'école coranique. C'est là que vont tous les enfants pour apprendre. »

Pour une fois, l'institution n'a pas été tatillonne, en partie car je ne demandais pas de moyens supplémentaires. J'ai ouvert la classe pour douze élèves afin d'affirmer que nous, Éducation nationale, institution d'État, pouvions offrir une reconnaissance culturelle à ces enfants et à leur famille. Et tant pis si, ce faisant, j'empiétais sur le pré carré d'un imam qui préférait récupérer les anciens élèves d'Elco dans son école coranique.

À cette époque, le religieux est prêt à s'immiscer dans tous les interstices, sur chaque territoire que nous concédons. Et nous en concédons. Avec les collègues d'autres collèges du centre-ville, nous en parlons. Nous sentons que nous perdons du terrain. Que rien ne sera plus comme avant. Nos certitudes s'effondrent. Nous avons beau tout mettre en place pour remplir notre mission et faire en sorte que tous les élèves soient exposés aux valeurs de la République, nous savons que nous ne sommes plus en situation d'obtenir l'adhésion de la totalité des élèves. Les politiques sont, au mieux, aussi déboussolés que nous, au pire complices.

Un jour, nous espérons, quand, soucieux de sortir les adolescents de leurs ghettos, nous obtenons une subvention exceptionnelle pour organiser un séjour pédagogique à Paris ou une classe de neige. Le lendemain, nous déchantons quand nous découvrons que le maire de Marseille a inauguré une nouvelle mosquée d'obédience tabligh. Peut-il ignorer ce que moi, humble principal de collège, j'ai appris en deux heures chez les policiers des RG ? Son entourage lui cache-t-il, sciemment, ces informations ? Le surlendemain, nous nous effondrons quand l'État accepte de mettre sous contrat un collège-lycée privé musulman qui avait été créé dans le seul but de permettre aux familles de contourner la loi sur le port de signes religieux en acceptant des élèves voilées. Et quand nous voyons une sénatrice socialiste, Samia Ghali, participer à la cérémonie de la pose de la première pierre de l'établissement, aux côtés du président de la sulfureuse UOIF (Union des organisations islamiques de France), de l'ambassadeur du Qatar et de celui du Koweït, visiblement financeurs du projet et de représentants du culte musulman. Un autre jour encore j'apprends que l'adjointe du député de la circonscription, Patrick Menucci, également socialiste, a pour suppléante et assistante parlementaire Nassera Benmarnia, longtemps présidente de l'Union des familles musulmanes (UFM), une association qui organise la fête de l'Aïd dans la cité.

Quel est le sens de notre travail dans ce contexte ? Pourquoi continuer à se battre dans le cadre du service public, avec l'argent des contribuables, pour essayer de faire passer les valeurs de la République, quand l'État lui-même déroule le tapis rouge aux religieux ? Comment puis-je demander aux enseignants et aux personnels d'éducation de se montrer exemplaires dans la défense de la laïcité, dans la défense des lois de séparation de l'Église et de l'État de 1905, quand les politiques manifestent une telle complaisance à l'endroit du religieux ? Si seulement je parvenais à me convaincre que ces gestes constituent autant de mains tendues dans un esprit de tolérance et d'ouverture. Malheureusement, l'objectif final est bien plus prosaïque : il ne s'agit là que de banal clientélisme. Une façon parmi d'autres d'aller à la pêche aux voix pour les prochaines élections.

Je voudrais aussi croire aux arguments de ceux qui m'expliquent que le fait de placer un établissement privé sous contrat permettra de le contrôler. Mais je connais trop l'insigne lâcheté de l'institution. Ira-t-elle effectivement vérifier que les enseignants tiennent le programme, tout le programme, sans renoncer aux sujets qui fâchent les religieux – je les ai déjà cités, ils sont nombreux, de Voltaire à Darwin, de la Shoah à la mixité des activités sportives ? Je n'y crois pas une seconde : elle ne le fait pas dans les collèges publics, où le rectorat n'envoie jamais d'inspecteurs pédagogiques régionaux en titre, spécialistes des différentes disciplines, mais de simples « chargés de mission ». Au nom de quoi le contrôle qui ne s'exerce pas dans le public s'exercerait-il mieux dans le privé ? Et quand bien même ces inspections auraient lieu, quelles en seraient les conséquences ?

Au collège Versailles, il n'y en avait aucune. Les rapports mentionnaient, en substance, que nous passions beaucoup de temps à prévenir la violence et à tenter d'obtenir un minimum de civilité dans les relations entre élèves, et que cette énergie était déployée au détriment des enseignements disciplinaires. Et c'était tout. Un constat, et aucune solution. L'impuissance à l'état brut. Même pas le courage d'écrire la vérité : on ne fait pas, dans ces collèges, le même métier qu'ailleurs – vérité d'autant plus difficile à écrire et à entendre que le syndicat enseignant majoritaire dans le second degré, le SNES-FSU, se voile la face depuis trente ans à ce propos.

Cette terrifiante hypocrisie dénoncée par le sociologue François Dubet fait pourtant porter un poids déraisonnable et irraisonné à ceux qui sont en première ligne : les enseignants. Au lieu de prendre acte du fait que, dans certains cas, il est impossible de boucler le programme national ; donc, d'isoler les priorités absolues sur lesquelles les professeurs devraient se concentrer, on les laisse décider, individuellement, des coupes à réaliser, des impasses à effectuer. Tout cela pour préserver la fiction du collège « unique », des programmes « nationaux », de « l'égalité » du système éducatif.

Hypocrisie.

Absence de vision.

Abandon des troupes.

Tout comme elles furent abandonnées lors du vote de la loi interdisant le port du voile, en 2004. Le laïc – voire le laïcard – en moi était évidemment favorable à la préservation rigoureuse de l'enceinte scolaire face aux influences religieuses. Le voile en est un indice. Il fallait l'interdire. Mais il fallait aller au-delà ! Car le fond du problème ne tient pas seulement à ces quelques centimètres carrés de tissu, il tient aux voiles transparents qui dressent un écran entre les croyances et convictions intimes des élèves et ce que nous leur enseignons. Inutile de porter un voile pour contester la réalité de la Shoah ou pour condamner les thèses de Darwin.

Qu'a-t-on fait, que fait-on, pour aider les enseignants à ôter ces voiles transparents que portent un nombre croissant de jeunes dans les quartiers musulmans, filles comme garçons ? Quels arguments propose-t-on à un jeune enseignant à qui un élève oppose les « enseignements » d'un imam radical et obscurantiste ? Quels moyens de connaître l'adversaire afin de bâtir des contre-arguments efficaces ont-ils été donnés à la communauté éducative ? Quasiment aucun. Le rapport Debray de 2002 sur l'enseignement du fait religieux, que peu ont lu. Le rapport Obin, d'abord resté confidentiel – il faudra une fuite dans la presse pour que sa substance soit révélée et qu'il soit finalement publié, plusieurs mois après. Une brève université d'été sur la question du fait religieux à l'école, réservée à une poignée de participants.

En interdisant le voile, on a soigné les petites pustules de l'herpès, mais on ne s'est pas attaqué au virus. Il ne s'agit pas de faire une croisade mais d'affronter la réalité avec lucidité, en commençant par la nommer, dans toute sa crudité : nous accueillons des élèves de religion musulmane et, très majoritairement, de nationalité française, auxquels on laisse inculquer que la loi religieuse est supérieure à la loi de la République, que la loi de Dieu est supérieure à la loi des hommes.

D'où cette petite provocation qui m'est venue un jour de me définir comme un « imam de la République ». Pour signifier que je suis dans un environnement où le principal n'est pas crédible alors que l'imam l'est. Pour affirmer que la religion que je défends envers et contre tout est celle de la République. Une religion sans dieu.

Sans boussoles autres que celles que me donnaient mon parcours, mes convictions, ma conscience, je tenterai de le faire comprendre aux familles quand elles commenceront à instrumentaliser la religion pour tenter de me culpabiliser. J'avais ainsi vu monter, lors des conseils de discipline, les accusations de racisme ou d'islamophobie de la part d'élèves ou de parents mécontents d'une sanction. Témoin de ces scènes récurrentes, le père d'une élève, musulman mais se désolant de la montée du radicalisme religieux, m'avait un jour pris à part : « Dans notre religion, il y a un précepte qui dit que tu respecteras tes professeurs comme ta famille et comme les représentants de la religion. Je vais vous l'écrire en arabe et en français sur un papier. Quand les parents vous traiteront de raciste, vous le leur montrerez ! » Je l'ai fait. Rarement – défendre la laïcité au nom d'arguments puisés dans le coran ne me mettait pas très à l'aise intellectuellement. Mais cela m'a plusieurs fois aidé à ouvrir un dialogue et à expliquer que la seule loi qui vaut dans un établissement scolaire est celle de la République.

Ce désarroi, cette difficulté à affronter la réalité n'ont pas seulement été, pendant toutes ces années, le fait des enseignants ou des responsables d'établissement. Bien des familles étaient elles-mêmes totalement dépassées. Nous sommes en 2007. Quelques jours auparavant, Mohammed Merah a été tué, après avoir massacré des militaires et des enfants d'une école juive de Toulouse. Mon téléphone sonne. C'est la maman d'un ancien d'élève, Sabri, dont la sœur est encore en troisième dans le collège que je dirige. Elle tient à me voir. Je la reçois, ne sachant à quoi m'attendre : la scolarité de sa fille se déroule bien. Je la sais divorcée du père des enfants, qui est en prison, mais son nouveau compagnon semble s'occuper attentivement des enfants – je l'ai déjà rencontré plusieurs fois. Elle travaille dans une épicerie du quartier. À peine assise, elle se confesse littéralement.

« Monsieur Ravet, mon fils aurait pu être un Mohammed Merah. Et je n'aurais rien vu.

— Sabri ? Mais il est si sympa ! Un peu hyperactif peut-être, mais je ne l'imaginerais pas faire du mal à une mouche… Que s'est-il passé ?

— Il a commencé à déraper un an après avoir quitté le collège, en seconde. Il prenait de la drogue. Alors, quand les religieux l'ont pris sous leur aile, j'ai vu ça d'un bon œil. Il a décroché. Puis je l'ai vu entrer dans une pratique de plus en plus rigoriste. Là encore, je ne me suis pas vraiment inquiétée. J'étais tellement soulagée qu'il n'ait pas basculé. Il a fallu qu'il vienne me faire un scandale à l'épicerie où je travaille pour que je comprenne qu'il avait en fait basculé dans une dépendance tout aussi terrible. Il me hurlait dessus. Que je ne portais pas le voile… Que j'avais divorcé…

— Qu'avez-vous fait ?

— J'ai eu de la chance. J'ai des frères et sœurs en région parisienne. Ils ont accepté de le prendre. Ils se sont occupés de lui merveilleusement. Il s'en sort. Alors, il faut que vous le sachiez, monsieur Ravet : des Mohammed Merah en puissance, dans le quartier, il y en a. Et pas forcément dans les familles les plus pauvres ou les plus éclatées. Comme vous le savez, je travaille, et ma famille tient.

— Je comprends. Et je vous remercie de m'avoir parlé. Puis-je vous demander pourquoi ?

— Parce que je n'avais rien vu venir. Et cela fait peur, monsieur. Cela fait peur. »

L'illusion de l'école « sanctuaire »

Si contre-intuitif que cela semble, je reste malgré tout convaincu que la meilleure façon de préserver le territoire de la République est d'inscrire autant que possible les établissements dans leur environnement.

Ne pas créer de ghettos dans les ghettos. L'école « sanctuaire » est une illusion délétère. De la même façon que le voile n'est que la part visible et superficielle de contestations invisibles et profondes, aucune grille ne sera suffisamment étanche pour protéger un collège de l'influence de son environnement. Il est largement préférable d'ouvrir le dialogue, d'affronter les frontières symboliques.

Ce défi – car c'en est un, quotidien – a été au cœur de la conception du collège Izzo, que je vous ai déjà présenté. Tous les équipements culturels et sportifs avaient été conçus de sorte à pouvoir être utilisés en dehors des heures de cours.

Il est 18 heures ce jour-là quand le responsable d'une association sportive utilisatrice des équipements sportifs frappe à ma porte.

« Monsieur le Principal. Il n'a pas été exclu, Zinedine ?

— Le Zinedine de quatrième ?

— Oui.

— Si. La semaine dernière. Exclusion définitive : il avait levé la main sur sa professeure d'anglais. Vous savez que la violence à l'endroit des enseignants est ma ligne rouge absolue.

— Je sais… "Touche pas à mes profs !"

— Exactement. D'ailleurs, le vote en conseil de discipline a été unanime, même côté élèves – ils adorent cette enseignante.

— Je comprends. Mon problème est ailleurs : il fait partie de l'équipe de foot du quartier. Il vient de se présenter à l'entraînement. Je peux l'autoriser à entrer dans le gymnase du collège ? »

Je ravale le ferme refus qui me vient spontanément aux lèvres. Ce conseil de discipline est récent, la plaie est encore à vif, et je n'ai pas oublié le regard de haine que m'a lancé le minot en sortant de la salle. Mais il n'y a pas de raison de lui infliger une double peine. Les locaux sont certes ceux du collège, mais le contexte est différent. J'accepte sa présence, à condition que les raisons lui soient clairement exposées. Elles le furent. Quelques semaines plus tard, je croise Zinedine sortant de l'entraînement. Et il me salue avec beaucoup de gentillesse. Il a compris que ce n'est pas sa personne qui avait été rejetée mais son acte qui avait été sanctionné.

Le terrain de sport sera le théâtre de bien d'autres occasions de délivrer des petits cours de droit improvisés. Comme le jour où des élèves du collège, qui ôtaient sagement leur voile tous les matins, ont été vues faisant leur jogging avec, un week-end. Là aussi, j'ai considéré que le terrain, même s'il relevait topographiquement du collège, pouvait être considéré comme un espace public dans ce contexte. Mais j'ai pris soin de le leur expliquer. De même le jour où nous avons lancé une activité sportive pour les mamans et accepté que certaines viennent avec leur voile, dès lors que les activités ne présentaient pas de risque lorsqu'elles étaient pratiquées de la sorte. La loi est claire à ce sujet… pour nous. Il fallait néanmoins être prêt à la réexpliquer aux élèves ou aux adultes afin que personne n'imagine que nous avions reculé dans notre foi laïque.

Pour qu'un tel dispositif fonctionne, il est bien sûr impératif d'être en confiance absolue avec les associations auxquelles on confie les clés, non seulement pour assurer la sécurité de l'établissement, mais aussi pour veiller à la cohérence des projets culturels et sportifs avec le projet éducatif global du collège. Dans ce cas, nous avions veillé à « verrouiller » les instances dirigeantes de l'association spécialement créée pour gérer les équipements sportifs du collège afin d'éviter tout risque de prise de contrôle. Mais nous avions accueilli des jeunes en formation aux métiers du sport ou de l'animation. Ainsi va cette bataille de territoire pour moi : ni naïveté, ni excès de fermeté ; lucidité, lisibilité, générosité et quête de justice.

Ce dernier point est probablement le plus stratégique face à des élèves qui, à tort ou à raison, s'estiment victimes d'injustices fondamentales et permanentes.

À Izzo, je disposerai d'un nouvel outil, aujourd'hui largement diffusé et bien connu des parents : le logiciel ProNote. Il me permettra de gérer un aspect jusque-là insaisissable de la vie de l'établissement : les comportements divergents des enseignants, source inépuisable de révolte des élèves, auxquels il faut proposer – parfois opposer – un front adulte cohérent et uni. Je suivrai attentivement les heures de colle et les exclusions de cours, mais aussi la notation.

Quand un principal se mêle de cet aspect de l'évaluation, la discussion a toutes les chances de tourner court. Les professeurs sont pour le moins sourcilleux – et c'est un euphémisme – quand quiconque prétend empiéter sur leur « liberté pédagogique ». Mais lorsque vous pouvez d'un simple clic leur prouver, par exemple, que la moyenne de leurs classes est nettement différente de la moyenne des autres enseignants de collèges comparables dans l'académie, la discussion se noue sur d'autres bases. Si bien que ceux qui notent trop « tendre » ou trop « rugueux » sont parfaitement capables de l'entendre, et de mesurer l'effet que cela produit sur les élèves, notamment quant à leur rapport avec la notion de note « juste ». Et c'est encore plus vrai en classe de troisième, où le contrôle continu pèse lourd dans l'obtention du brevet et dans l'orientation.

C'est également grâce à ces nouveaux moyens de comparer et de croiser des données que je mesurerai, objectivement, ce que j'ai ressenti empiriquement : le collège ouvert façon Izzo est le théâtre de moins de violences et d'incivilités que le collège « prison » façon Versailles.

Reste à le faire savoir. À dire au quartier qu'il peut faire confiance. Que la réussite est possible au collège. C'est une des missions les plus sensibles qui soient. Car nous sommes conditionnés par la loi du silence.

Silence quand un bout de façade du collège s'effondre peu après des travaux. Ne pas laisser soupçonner une malfaçon. Hantise du Conseil général, qui accepte la fermeture administrative le temps de l'enquête et pour éviter un drame, mais à la condition que l'on invente un prétexte qui tienne la presse à distance.

Silence quand un règlement de comptes, sans rapport avec le collège, se déroule à proximité de celui-ci. Hantise du principal de voir atteinte la réputation de son établissement si les médias, pour situer les lieux du drame, mentionnent le collège plutôt que le quartier. Éviter les amalgames. Expliquer que les gamins ne sont pas du collège.

Silence de l'entourage des politiques, qui évite de faire remonter aux patrons la réalité de ce qui se passe. Hantise d'en être tenu pour responsable.

Même silence et même hantise au rectorat.

Silence et hantise à tous les étages.

Nous ne luttons pas efficacement car tout nous incite au silence.

Quinze années durant j'aurai donc tenté de laver le linge sale en famille, en faisant systématiquement remonter les problèmes aux autorités concernées, ne serait-ce que pour leur interdire de prétendre qu'elles ne savaient pas, mais sans les exposer sur la place publique. M'efforçant en revanche de communiquer le plus largement possible sur toutes nos petites victoires, pour insuffler un peu d'espoir dans le marasme. Pour tenir, aussi, à titre personnel. Pour me persuader autant que pour persuader les autres que nos efforts ne sont pas inutiles, que nos vies consacrées au service public, à la défense des valeurs de la République ne sont pas vaines.

Mais aujourd'hui, le combat a changé de nature.

Nous affrontions hier un problème social. Celui de cette France des quartiers, que nous avons laissée se ghettoïser depuis quarante ans, sans qu'aucune politique publique digne de ce nom ne prenne la mesure du phénomène. À chaque embrasement dans les banlieues, les politiques et le monde associatif ont appelé à un « plan Marshall ». Il n'a jamais été mis en œuvre. Nous en payons le prix.

Nous ne sortirons pas de cette situation en ânonnant des vœux pieux appelant à plus de mixité sociale dans les collèges. Les collèges sont le reflet de leur environnement. Ils décalquent la composition sociale liée à l'habitat, laquelle dépend des ressources financières des familles. À moins de passer à un régime autoritaire stalinien où les logements seraient attribués par l'État, les inégalités économiques continueront à dessiner la carte des villes et des établissements scolaires. Tout simplement parce que le coût de l'immobilier varie d'un quartier à l'autre. Cessons donc de croire qu'on peut introduire de la mixité scolaire là où il n'y a pas de mixité sociale ; excepté à dose homéopathique, en convainquant quelques familles militantes, cela relève du fantasme d'idéologue bien pensant.

Aujourd'hui, ce problème urbain et social se double d'un problème de radicalisation qui ne touche pas seulement, loin de là, les plus démunis. Bien sûr, j'en ai été témoin, la marginalisation et la délinquance constituent un terrain de choix pour les fanatiques qui prétendent ramener au bercail les brebis égarées. Il leur est tellement aisé de convaincre les familles que leur enfant, pris en charge par une structure religieuse rigoureuse, apprendra de bons principes, cessera de se droguer, ne se comportera plus en « mécréant ». Mais ces jeunes sont tous sauf des exclus. Ils sont éduqués. Vont à l'université. Ne sont pas en rupture sociale.

L'Éducation nationale n'a pas pris la mesure de cette mutation. Il est à ce titre ahurissant que, pendant quinze ans, la police m'ait plus aidé à trouver des solutions que ma hiérarchie. Les personnels d'éducation qui, tous les jours, montent au front dans ces collèges sont orphelins de leur institution. Cessons de rêver. De courir après une utopie. De nous bercer de mots. Ce dont nous avons besoin aujourd'hui, c'est d'un soutien massif pour gérer au quotidien une situation de crise.

Il passe par une action résolue contre les fourriers de haine.

Pas de tolérance pour les ennemis de la tolérance

La loi de séparation de l'Église et de l'État de 1905 n'a pas été votée pour protéger des prédicateurs qui, dans leurs enceintes, tiennent des propos contraires aux principes de la Déclaration des droits de l'homme et à la Constitution. Le principe de tolérance, auquel je suis viscéralement attaché, ne doit pas nous conduire à tolérer l'intolérable. L'État doit reprendre la main.

Les moyens existent : au nom du Concordat, deux départements en France échappent d'ores et déjà à la loi de 1905, l'Alsace et la Moselle. Généralisons ce statut. Rémunérons les ministres du culte – curés, pasteurs, imams, rabbins… Enregistrons leurs prêches afin qu'une haute autorité désignée à cet effet puisse contrôler qu'ils n'enfreignent pas nos lois. Donnons-nous les moyens de fermer ces écoles coraniques où les enfants apprennent que les filles sont inférieures aux garçons, que les mains des voleurs doivent être coupées, que la loi de Dieu prévaut sur celle des hommes. Ne laissons plus financer les lieux de culte par des puissances étrangères. Payons aux musulmans les mosquées qui leur permettront, dans le respect de leur foi, dans la dignité, de pratiquer leur religion, sans dépendre de capitaux étrangers et sans enfreindre les lois de la République. Luttons, farouchement, contre les dérives du religieux, en protégeant plus et mieux la pratique religieuse dès lors qu'elle s'inscrit dans le cadre de nos lois.

C'est bien cette défense du respect des lois de la République au quotidien qui m'ont souvent conduit à expliquer à certains élèves et à leurs parents visiblement « très attachés à la religion » que j'étais là comme l'imam pour affirmer les valeurs de la République… D'où cette interrogation : le principal n'est-il pas l'imam de la République ?

Conclusion

J'ai fini par partir. Par quitter ces collèges de quartiers populaires auxquels mes racines, mes convictions, mon parcours m'attachaient si intensément. Ces élèves parfois désespérants mais qui, tous, recèlent des pépites d'humanité et de générosité que nous savons si mal identifier et polir. Ces enseignants qui, même affectés là contre leur gré, même confrontés à des situations auxquelles ils n'avaient jamais été préparés, continuaient à « faire le job », au nom d'une certaine idée de leur mission.

Il me restait trois années avant la retraite. J'avais passé sept ans au collège Izzo, que j'avais porté sur les fonts baptismaux. J'avais été instit, principal de collège, je voulais monter d'un cran. Un poste allait se libérer dans le seul lycée ZEP du secteur, Victor-Hugo. Sauf que contre toute attente, le poste ne se libère pas. Et me voici affecté dans un des collèges les plus huppés de l'académie : Le Ruissatel. Nous sommes dans le 11e arrondissement de Marseille, dans ce quartier de La Valentine où la ville cède déjà la place à la campagne, à la frontière nord du Parc national des Calanques. Aubagne n'est qu'à quelques centaines de mètres. Les collines de Pagnol veillent sur le quartier. Le château de La Buzine, qui inspira *Le Château de ma mère* à l'écrivain, est à trois minutes en voiture, sur le secteur du collège. On emprunte la montée de Saint-Menet, bordée de belles bâtisses à main droite, de champs à main gauche. Une fourche, serrez à gauche, suivez la traverse de La Buzine, vous êtes dans le parc des Sept Collines, voici le château, qui abrite aujourd'hui la cinémathèque de Marseille. Les cartographes des secteurs scolaires ont pris soin de prendre l'autoroute voisine comme frontière – de l'autre côté s'étend une zone d'éducation prioritaire.

Je passe de 80 % d'élèves issus des catégories défavorisées à 80 % d'élèves de catégories favorisées, dont la majorité, au terme de leur classe de troisième, iront rejoindre le lycée privé mitoyen du collège. Le taux de réussite au brevet est un des meilleurs de l'académie. Quant au bâtiment, c'est un majestueux geste architectural construit vingt-cinq ans plus tôt, impossible à chauffer et mal pratique en diable pour son gestionnaire, mais d'une élégance rare avec ses baies vitrées, ses bureaux installés dans des cubes en bois empilés les uns sur les autres, ses vastes coursives, son immense hall baigné de lumière.

Ma principale inquiétude est alors de ne plus bénéficier des moyens que j'avais en ZEP. Ceux qui sont attribués aux collèges. Et ceux que j'avais appris à aller chercher auprès du Conseil général ou de l'État, dans le cadre de la politique de la ville. Quand je lançais un projet, j'étais à peu près certain de pouvoir le financer. Fin de la récré au Ruissatel. Vaguement contrarié, je m'apprête à m'ennuyer dans mes belles collines provençales pendant trois ans avant de faire valoir mes droits à la retraite.

J'effectue ma première rentrée en inaugurant la rituelle réunion d'accueil des parents d'élèves de sixième. Ils ont été prévenus six mois à l'avance. Tous sont là. Une maman, très bon chic bon genre, s'approche. Elle me désigne un petit snack, de l'autre côté de la rue.

« Vous voyez les jeunes là-bas ?

— Oui.

— Ils sont en train de dealer. Il faut faire quelque chose. »

Elle a raison. Je ne suis pas arrivé depuis une semaine que je reprends mon costume de principal de ZEP pour traverser la rue.

« Bonjour. Je suis le nouveau principal. Je sais ce que vous faites. Je ne veux pas de ça ici. Je vous le dis une fois. La prochaine fois, c'est la BAC qui viendra vous le dire. »

Ils ne m'ont pas cru. La BAC est venue la fois suivante. Entre-temps, j'avais pris contact avec la commissaire du quartier, qui s'était informée sur mon compte auprès de son collègue du 2e arrondissement. Autant dire que les relations furent excellentes dès le premier jour. Quant à la maman qui était venue me voir, je découvre qu'elle préside une des associations de parents d'élèves. Cet épisode fondateur scellera notre bonne entente.

Zone éloignée de tout

Les collègues des beaux quartiers m'avaient mis en garde contre la pression des familles dans ce genre de collèges. Je n'en avais cure : j'avais passé douze ans à courir après les parents, je n'allais pas me plaindre de les voir, même si certains étaient pénibles. Je les ai immédiatement associés à tous les projets que je lançais. Les ateliers à l'heure du déjeuner dans le foyer. Les spectacles que nous allions inviter dans l'amphithéâtre, le soir, dans ce quartier éloigné de tout et mal desservi – il faut compter trente à quarante-cinq minutes pour rejoindre le centre, par l'autoroute. Pour décrire la situation, je parlais ironiquement d'un collège en ZET : zone éloignée de tout. Les parents assuraient la vente des 200 places, tous les mois. Nous avions appelé ce cycle « les vendredis du Ruissatel ». En quelques mois, le collège était devenu un équipement culturel. Et je ne m'ennuyais pas une seconde. J'ai ressuscité les réseaux que j'avais laissés à Izzo. Une classe du collège a ainsi participé à l'inauguration du splendide Mucem, le Musée des civilisations de l'Europe et de la Méditerranée. Une autre a présenté un travail réalisé dans le cadre d'une résidence d'artiste à la ministre de la Culture, Aurélie Filippetti, lors de l'inauguration du Fonds régional d'art contemporain qui, l'année suivante, nous prêterait des œuvres pour créer, dans le collège, un espace dédié à l'art contemporain que nous ouvririons aux écoles primaires du quartier. Avec le professeur documentaliste et quelques enseignants, nous avons initié une correspondance avec deux établissements francophones et nous sommes saisis de l'histoire des arts comme d'un magnifique prétexte pour mobiliser tous les enseignants, dans une sorte de pow-wow pédagogique… La dynamique de projet tient parfois d'une forme de chamanisme pédagogique comme mes retrouvailles avec deux professeurs d'éducation physique de Manet pour monter une section sportive rugby au Ruissatel.

Ma paisible sinécure de préretraite s'était transformée en une nouvelle et formidable aventure éducative et culturelle.

J'allais en revanche découvrir, sur le tard, un mal inédit : la dépression adolescente. Les causes en étaient multiples et combinées, et je me garderai d'en désigner une plus que l'autre. La pression familiale sur les performances scolaires. Le sentiment d'abandon quand les parents – ingénieurs, médecins, cadres supérieurs... – rentrent tard, laissant leurs enfants seuls, sans nounou car ils les croient assez grands pour se prendre en charge. L'isolement dans ce quartier de belles villas avec piscine où les jeunes vivent éloignés les uns des autres. Régulièrement, des élèves disparaissaient pour plusieurs semaines et j'apprenais ensuite qu'ils avaient été hospitalisés en psychiatrie. L'un d'entre eux viendra me voir, de retour de six semaines d'absence, pour me parler des bienfaits de la prise en charge dont il a bénéficié. Il s'improvisera vigie, venant me signaler qu'Untel ou Unetelle de ses camarades montre ces signes avant-coureurs qu'il a appris à détecter. Je passerai ces trois années dans la hantise d'apprendre qu'un élève s'est donné la mort ce qui, heureusement, ne se produira pas. Je devrai en revanche assumer deux cas de suicide parmi les parents d'élèves, qui provoquèrent une très vive émotion dans l'établissement...

Finalement, ces années filèrent avec une rapidité inattendue. Elles me confortèrent dans les convictions forgées dès le mitan des années 1970 à la Croix-Rousse, puis comme « pédagogue offshore », enfin comme principal de collège mâtiné de directeur d'ONG.

Ces convictions – j'en retiendrai cinq – font écho à certains des chantiers ouverts par Jean-Michel Blanquer, le ministre de l'Éducation nationale d'Emmanuel

Macron. Ce n'est guère surprenant : ancien recteur des académies de Guyane et de Créteil, il a été au contact des rugueuses réalités que j'ai vécues dans les zones d'éducation prioritaire marseillaises. Je pourrais m'en réjouir. Mais les mots sont piégés et je voudrais éviter tout malentendu.

La première conviction concerne les femmes et les hommes qui, au quotidien, font l'école. Ce qui m'a parfois fait défaut, en ZEP, ce ne sont pas les moyens. Nous en avions et, quand nous en manquions, nous les trouvions. Ce qui m'a fait défaut, ce sont des enseignants et des personnels qui soient tous conscients que nous n'exercions pas nos missions dans un contexte normal. Ils étaient nombreux à le savoir, et j'espère leur avoir suffisamment rendu hommage ici. Mais pas encore assez nombreux.

En ZEP, l'obsession de « boucler le programme » ne peut pas l'emporter. Car on ne le boucle pas, le programme. La priorité est de partager une culture de l'invention, de l'adaptation, du projet. Être dans une dynamique. La porter. Et savoir qu'on n'y arrivera pas tout seul – travailler en équipe. Un chef d'établissement peut créer les conditions de cette dynamique, essayer de fédérer les énergies, mais ses leviers d'action demeurent extrêmement modestes. Le social compte autant que le scolaire : recrutons des enseignants non seulement pour ce qu'ils savent mais pour ce qu'ils savent faire, pour leur sens de l'engagement, pour leur conscience des enjeux sociaux et urbains, pour leur capacité à impulser des projets. Préparons-les, pendant leurs années de formation, à l'idée que l'école n'est jamais un sanctuaire étranger à la pulsation de son environnement. Expliquons-leur que l'ouverture de l'école sur la ville et l'entrée de la ville dans l'école sont les clés de la liberté pour nos élèves, la seule chance que nous avons de les extraire des influences toxiques de certains quartiers, de vaincre les déterminismes. Nous avons besoin de professionnels hybrides, qui se vivent autant comme des travailleurs sociaux que comme des enseignants. Les modalités actuelles de recrutement et de formation ne permettent pas d'en attirer suffisamment.

La deuxième conviction touche au statut de la pédagogie. Que l'on cesse de jouer de manière profondément démagogique sur l'opposition entre « traditionalisme » et « pédagogisme » – cette expression a été reprise par Jean-Michel Blanquer, de manière assez paradoxale de la part d'un ministre qui se dit attentif à l'innovation, car enfin de qui vient-elle si ce n'est des « pédagogues » ?

Il faut n'avoir jamais été dans une salle de classe pour imaginer que l'éducation soit une science. Qu'elle se nourrisse de savoirs, qu'elle tire bénéfice d'expériences et d'évaluations, bien sûr. Mais ce n'est pas une science. La preuve en est : toutes les évaluations sur lesquelles un certain scientisme veut définir les « meilleures » façons d'enseigner butent, sans exception, sur la question de la mise en œuvre des méthodes. Ce qui fonctionne avec tel enseignant échouera avec tel autre. Ce qui marche dans tel établissement ne marchera pas, tel quel, dans tel autre.

En l'espèce, tout est affaire d'humain et, j'oserais dire, d'humanité. Les élèves ne sont pas les mêmes, les enseignants et personnels non plus. Il revient à chacun de puiser dans les bonnes pratiques, celles qui sont susceptibles de « prendre » en fonction du contexte. Comme en musique, une même partition peut être sublimée ou massacrée selon l'interprète. Car la pédagogie n'est pas l'affaire singulière du professeur. Elle naît de l'interaction entre le professeur et son public – les élèves, qui peuvent aimer ou non, adhérer ou non, être séduits ou non, être fascinés ou non.

En somme, la pédagogie est un art. Voire des arts. Les arts pédagogiques. Je rêve de leur avènement. Je rêve d'une École nationale supérieure des arts de la pédagogie (« Ensap »), qui fasse la synthèse de tous les savoirs et techniques impliqués dans la quête de la bonne éducation : philosophie, sociologie, épistémologie, histoire, conduite de projet, animation d'équipe, sciences administratives, didactiques, sciences cognitives, etc. Je rêve de professeurs vus tout autant comme producteurs de sens et comme déclencheurs de désir. Ce projet fut celui de la Révolution quand elle créa l'École normale supérieure, en 1794. Il faut renouer avec lui. Il est toujours aussi révolutionnaire.

Ma troisième conviction concerne l'innovation. Il faut une prime à l'innovation. Pas une prime financière pour les individus. Une prime aux établissements qui, en dehors des ZEP, n'ont à peu près aucune marge de manœuvre pour financer des projets. Ressuscitons le principe des classes à parcours artistique et culturel de Jack Lang. À l'époque, si un projet était validé, l'Éducation nationale abondait le budget nécessaire à sa réalisation à raison d'un euro de subvention pour un euro trouvé par l'école (concrètement : si le projet coûtait 2 000 euros, les écoles ou collèges devaient en trouver la moitié, le ministère couvrait l'autre). Les sommes en jeu sont modestes. Elles peuvent pourtant changer du tout au tout la dynamique d'un établissement.

Ces trois convictions s'ancrent dans une quatrième : les établissements doivent être plus autonomes. Je sais nombre d'enseignants et chefs d'établissement méfiants face à ce mot. Ils ont raison. Trop souvent, l'autonomie telle qu'elle existe aujourd'hui rime avec solitude et abandon. L'autonomie dont je parle, ce ne sont pas des autorités académiques qui, à moyens constants, laissent les équipes se débrouiller comme elles peuvent. Ce n'est pas non plus un grand foutoir libéral qui donnerait pleins pouvoirs à des petits chefs omnipotents et arbitraires.

L'autonomie, c'est la reconnaissance de la capacité qu'a chaque équipe éducative de construire des réponses pédagogiques originales aux questions particulières auxquelles elle est confrontée, dans l'esprit des « projets d'établissement » de la loi de 1989 ou du « donner plus à ceux qui ont moins » qui conduisit à la création des ZEP en 1981-1982. Elle est cadrée par les missions que la République confie à l'école. Elle est accompagnée par des moyens humains, matériels, financiers, par de la formation quand c'est nécessaire.

Ma cinquième et dernière conviction est fondatrice de ce livre : il faut en finir avec la loi du silence qui pèse sur l'impact du religieux dans certains établissements. Comme le dit l'inspecteur Jean-Pierre Obin, dont le rapport prémonitoire réalisé en 2004 fut longtemps enterré : *« À l'Éducation nationale, le mot d'ordre c'est : pas de vague. Et tant qu'on ne nomme pas les choses, on peut toujours penser qu'elles n'existent pas. »*

Depuis plus de dix ans, le fanatisme frappe à la porte de dizaines d'établissements. Il cherche à empiéter sur le territoire physique de la République, centimètre par centimètre, en imposant ses signes et ses normes dans l'espace scolaire, dans les cours de récréation, les cantines, les piscines. Il cherche aussi à envahir les salles de classe en pénétrant les territoires mentaux des élèves et des familles pour vider les savoirs de sens et de substance en affirmant la primauté des lois de Dieu sur celles des hommes.

Je n'échappe pas, moi-même, à la critique.

Longtemps, je me suis tu. Par respect du devoir de réserve. Par crainte de stigmatiser les établissements que je dirigeais et d'en aggraver la réputation peu flatteuse, allant ainsi à l'encontre de ce que nous tentions de réaliser avec les équipes éducatives. Par souci de protéger les élèves et les familles alors majoritaires qui résistaient aux coups de boutoir du fanatisme. Par peur d'être accusé d'islamophobie ou de racisme rampant, comme le fut, avec une terrible dureté, Jean-Pierre Obin, quand son rapport fut enfin rendu public.

Une première digue intérieure a cédé après les massacres de janvier 2015 – *Charlie Hebdo,* Montrouge, l'Hyper Cacher de la porte de Vincennes. Appelé à s'exprimer devant une commission d'enquête sénatoriale, Jean-Pierre Obin avait levé l'anonymat des témoignages recueillis onze ans plus tôt. L'anonyme « collège de l'académie d'Aix-Marseille » mentionné dans le rapport était, publiquement, devenu le collège Versailles. Plus de devoir de réserve qui vaille. Les attentats de novembre 2015 m'ont définitivement décidé.

On ne peut plus, aujourd'hui, construire un raisonnement valide sur l'état de l'école et de la société en faisant l'impasse sur le fait religieux. Pour cela, il faut commencer par établir le diagnostic, et par documenter le réel. J'espère que cet ouvrage y contribuera. Et qu'un jour mes successeurs ne se définiront plus comme pédagogues « offshore », comme directeurs d'ONG ou comme « imams de la République », mais qu'ils pourront répondre simplement, bellement, à la question « Quel est votre métier ? » d'un fier « Je suis principal de collège. »

Remerciements

À Jean-Pierre Obin qui, par son intervention à la commission d'enquête parlementaire le 5 mars 2015, a déclenché en moi l'envie de témoigner à mon tour...

À Philippe Robinet, qui a cru en ce projet.

À Emmanuel Davidenkoff, qui, au fil des années, de Manet à Izzo en passant par Versailles, a observé avec l'objectivité du journaliste la complexité de ces établissements, l'engagement des équipes.

De cette rencontre toujours complexe entre le journaliste et le chef d'établissement, où la confiance s'est installée, une amitié est née... Le temps a passé mais jamais cette envie réciproque d'échanger sur notre passion commune, l'éducation ne s'est tarie.

Emmanuel m'a permis de réaliser l'aventure éditoriale qu'il a mise en forme.

Je le remercie d'avoir accepté cette collaboration qui nous a donné l'occasion, quinze ans après Manet, de retravailler ensemble et de faire partager ces souvenirs riches en émotions. Son immense professionnalisme a conduit à ce que cet ouvrage entrecroise la violence d'une réalité quotidienne, les initiatives pleines d'espoir mises en œuvre et quelques réflexions plus personnelles sur le système éducatif et l'évolution de la société. Emmanuel a contribué à sa manière à poursuivre mon combat pour une autre école construite sur cette utopie des Arts de la Pédagogie au service des valeurs républicaines.

Photocomposition : Nord Compo

Achevé d'imprimer en septembre 2017
par CPI Bussière
pour le compte des éditions Kero-Ouroz
17, rue du Montparnasse 75006 Paris

PAPIER À BASE DE
FIBRES CERTIFIÉES

KERO s'engage pour
l'environnement en réduisant
l'empreinte carbone de ses livres.
Celle de cet exemplaire est de :
650 g éq. CO_2
Rendez-vous sur
www.kero-durable.fr

N° d'éditeur : 8900037/03
N° d'imprimeur : 2031968
Dépôt légal : août 2017
Imprimé en France.